Vlad Draculea

Antonio Sachs

Vlad Draculea

La historia del príncipe guerrero que inspiró la leyenda de Drácula

Prólogo de Dacre Stoker

ALMUZARA

Primera edición: octubre de 2020

Editorial Almuzara • Historia
Director editorial: Antonio E. Cuesta López
Edición al cuidado de Ángeles López
Corrección y maquetación: Rebeca Rueda
www.editorialalmuzara.com
pedidos@editorialalmuzara.com — info@editorialalmuzara.com

Imprime: Kadmos
ISBN: 978-84-18346-49-1
Depósito Legal: CO-880-2020
Hecho e impreso en España—*Made and printed in Spain*

Índice

PRÓLOGO

Dejar unas líneas de presentación de un trabajo de investigación sobre la figura que mi tío bisabuelo Bram Stoker lanzó a la fama mundial en 1897 es siempre gratificante. Drácula ha sobrevivido durante casi ciento veinte años en un estado de éxito absoluto en libros, películas, música, videojuegos..., encumbrado por ser hijo de una época de cambios en la difusión de la cultura, donde un incipiente arte, el cine, fue su principal valedor.

Antonio Sachs nos conduce a través de estas páginas a un universo donde la historia y la ficción se juntan en una interesante síntesis de las figuras de un —para algunos— mismo personaje, el conde Drácula. Nos introduce en un tema que hasta la fecha ha sido polémico y que continuará alimentándose libro tras libro, película tras película: el origen de Drácula.

El debate sobre las conexiones posibles contra las probables entre Vlad Tepes y el conde Drácula deriva en una animada e interesante conexión. Aunque hay poca evidencia de que, cuando Bram Stoker bautizó a su vampiro Drácula, tuviera mucho conocimiento sobre la familia del Drácula histórico.

Bram Stoker no inventó a los vampiros con su libro *Drácula,* y no fue este el primero en establecer una historia sobre vampiros; los relatos de John Polidori y Joseph Sheridan Le Fanu fueron algunos de los predecesores más notables de su novela. Sin embargo, su genio creador creó al abuelo de todos los vampiros, mediante la mezcla fantástica de la mitología y el folclore de su nativa Irlanda junto con el de otras antiguas culturas, como la oriental.

Hay muchas teorías plausibles acerca de cómo mi tío bisabuelo eligió el nombre Drácula, con un debate alimentado por el hecho de que, durante los siete años que tardó en escribir su clásica novela inmortal, solamente se conservan ciento veinticinco páginas de las notas escritas a mano en su proceso de investigación previo y solamente un manuscrito impreso. Estas notas, conservadas en el Museo Rosenbach de Filadelfia, son la única fuente que puede evidenciar de forma directa lo que Bram Stoker sabía o no en el momento de redacción de su obra. Aunque el resto es especulación, algunas teorías académicas perpetúan la continua controversia y mantienen vivo el interés de la misma.

Las notas del Rosenbach ilustran que el nombre del vampiro de Bram Stoker fue Wampyr, su traducción en alemán. Después, Vampiro fue tachado y reemplazado por uno más siniestramente sonoro: conde Drácula. La pregunta es por qué Bram eligió el nombre Drácula para dar título a su obra.

Bram Stoker realizó una investigación extensa y significativa para construir su novela, pero también incluyó en la misma detalles de su propia vida que lo llevaron a la inspiración y a la creación de un chupasangre llamado Drácula. Creo sinceramente que estas últimas son algunas de las posibilidades más próximas a la realidad.

Una sólida explicación desde la madre patria de Bram Stoker, Irlanda, es que *droch fhola*, un término gaélico, literalmente significa «mala sangre». Estas palabras tienen una sonoridad muy semejante a la palabra *drácula*. Me puedo imaginar que Bram Stoker apreciaba la ironía de ambos conceptos homófonos.

Sabemos por los registros de la biblioteca y por las notas de Bram Stoker que, durante sus vacaciones estivales en Whitby, Inglaterra, mientras investigaba el contexto de la novela, leyó la obra de William Wilkinson *An Account of the Principalities of Wallachia and Moldavia*[1], con su referencia al voivoda real «Drácula» del siglo XV, quien luchó contra los turcos. Una nota a pie de página llamó su atención y permitió el cambio en su manuscrito original de Wampyr a Drácula. *Dracul*, en la lengua valaca, significa «demonio». Los valacos, tanto en esta época como en el presente, suelen poner el apodo de «Dracul» a cualquier persona que destaque, bien por su valor, bien por sus acciones crueles o su astucia.

De acuerdo con la doctora Elizabeth Miller y Robert Eighteen-Bisang, en su libro *Bram Stoker's Notes for Dracula*[2], este fragmento contiene las únicas referencias al Drácula histórico, dentro de las notas de trabajo de Bram. No hay ninguna otra información acerca de él en cualquiera de las fuentes que sabemos que Stoker consultó.

---

1 WILKINSON, William (1820). *An Account of the Principalities of Wallachia and Moldavia*. Longman, London.

2 STOKER, Bram (2008). *Bram Stoker's Notes for Dracula*. Notas y transcripción de Robert Eighteen-Bisang y Elizabeth Miller (ed. facsímil). Prefacio de Michael Barsanti. McFarland, Jefferson (Carolina del Norte).

Una palabra que significa «malvado» encajaba en el propósito de Bram Stoker. Durante veintisiete años, mi antepasado estuvo observando atentamente las transformaciones nocturnas de su patrón, el gran actor victoriano *sir* Henry Irving, que pasaba de un encantador *gentleman* a personajes oscuros y malvados, como el Ricardo III de Shakespeare y Mefistófeles del *Fausto* de Goethe. Es fácil imaginar cómo Bram Stoker dibujó a Drácula partiendo de los relatos y actuaciones de Irving y sus criaturas de la noche.

Pero ¿qué más cosas pudo saber Bram Stoker sobre el voivoda histórico Vlad Dracul (o Tepes) y su vida como metáfora del vampirismo? Bram Stoker conoció a Arminius Vámbéry, quedando muy impresionado con los relatos e historias que este le relataba. Vámbéry era un espía británico de familia húngara; también fue filólogo y profesor de Lenguas Orientales en la Universidad de Budapest desde 1865 a 1905. Uno de los encuentros tuvo lugar unos meses antes de las vacaciones familiares de la familia Stoker en Whitby y la citada investigación en su biblioteca. Aunque no es verificable, es muy posible que las conversaciones entre Vámbéry y Stoker giraran en torno al voivoda Vlad Dracul, lo que induciría a un creciente interés de Bram sobre el personaje que incentivó su investigación.

Creo que es razonable decir que las relaciones entre el conde Drácula y Vlad Tepes son como un rumor incesante que suena más fascinante que los hechos probados. Este misterioso tema perpetuado y embellecido por los fanes de Drácula, los devotos del estilo de vida gótico, Hollywood, la industria turística rumana, etc.

Ahora, querido lector, está en sus manos sumergirse en este mundo de espejos y niebla, donde usted tendrá su propia llave para abrir los secretos que desde las tinieblas Drácula guarda. Antonio Sachs ha realizado una paciente labor de investigación, aportando nuevas líneas a seguir que no le dejarán indiferente. Una vez más, Drácula renace de su tumba, esta vez de la mano de un prometedor escritor español.

DACRE C. STOKER

1. VLAD DRACULEA

«Cuando un dragón alza el vuelo, su sombra es un rastro de carne y sangre, y su aliento —su justa lengua—, la voz del fuego».

Retrato de Vlad Draculea conservado en el castillo de Ambras, en Innsbruck (Austria).

UNA ÉPOCA DIFÍCIL

> «Es en nuestra sociedad, en nuestra domesticada, mediocre, castrada sociedad donde un hombre venido de la naturaleza, llegado de las montañas o de las aventuras del mar, degenera necesariamente en criminal».
>
> Friedrich Nietzsche

La primera vez que Vlad Draculea, hijo de Vlad Dracul, voivoda de Valaquia, tuvo relación con el rigor y la inflexibilidad de la muerte fue, con toda probabilidad, cuando, con apenas dos años de edad, sufrió la temprana desaparición de su madre, Cneajna de Moldavia —la primera esposa de su padre—, que falleció devorada por una fiebre que se negó a abandonar su cuerpo.

Posiblemente, el joven dragón no adquirió verdadera conciencia de tan insondable acto de la naturaleza hasta que, algunos años después, presenciara, ya como rehén privilegiado de los otomanos, junto con su hermano menor, Radu el Hermoso, los suplicios del empalamiento; conocimiento que, sin discusión, alcanzaría considerables dimensiones a los diecisiete años de edad, cuando recibió la terrible noticia de que tanto su padre, Vlad Dracul, como su hermano mayor, Mircea, habían sido asesinados por los nobles boyardos de su país en connivencia con el poderoso estratega y dirigente militar Juan Hunyadi, por entonces voivoda de Transilvania, capitán general de Belgrado y gobernador en funciones del reino de Hungría; el padre del joven dragón fue apaleado sin piedad hasta morir, y su hermano Mircea, cruelmente torturado, enterrado vivo, y sus ojos, quemados con un hierro candente.

Lo cierto es que la vida de Vlad Draculea (1431-¿1476?) no fue lo que se dice un «camino de rosas».

La tierra y la época en las que tuvo el desafío, la oportunidad y la obligación de crecer, odiar, matar, conquistar, reinar, empalar y morir se hicieron a él como una segunda piel, como la noche al cazador, como el mar al marinero, como la guerra al soldado.

Valaquia, tierra de encrucijadas. Valaquia, tierra de sangre y puñaladas.

Como el príncipe guerrero nato que era, la muerte y la violencia siempre fueron sus más fervientes compañeras. Por ello, con más razón si cabe, el caudillo diablo debe ser entendido en su contexto, en el rigor de su época, como hijo de un territorio y un tiempo que no conocieron perdón. Hablamos del crepúsculo de la llamada Edad Media: de la madurez, que no el ocaso, de un sistema feudal que no contemplaba derecho más allá de prestar vasallaje y obediencia al noble, caballero, señor, amo, monje, obispo, cardenal, papa o rey de turno. Hablamos de la universalidad de la violencia, de la supremacía de una sociedad férreamente estructurada y nobilísimamente cruel, donde los tiranos reinaban en Europa, pertrechados en sus cada vez más crecientes poderes absolutos, donde los papas de Roma gustaban de subvencionar guerras a diestro y siniestro, donde la vida de cualquier campesino, siervo o artesano valía menos que la de según qué perro o qué buey, y donde la verdad, la verdad suprema que regía los destinos de millones de vidas humanas, la escribían los historiadores, los filósofos, los religiosos y demás mercenarios al servicio de sus gobernantes, mientras que estos se entretenían encadenando martirios, genocidios, sentencias de muerte y conquistas de relumbrón.

Corría por entonces el sombrío esplendor del siglo XV, y el Viejo Continente, cuna del mundo occidental, fiel a su sangrienta historia, seguía siendo terreno abonado para las conspiraciones políticas, las rivalidades territoriales, las intrigas palaciegas y las perpetuas luchas por la supremacía de la religión.

Monarquías autoritarias. Jerarquía. Aristocracia. Feudos. Vasallaje. Sumisión. Ciudades Estado. Castillos y conventos fortificados. Murallas defensivas. Iglesia. Inquisición. Derecho de pernada. Estirpe. Gloria. Obediencia. Virilidad. Honor. Santidad. Herejía. Valor. Piedad. Riqueza. Reputación.

Y poder, sobre todo, la preponderancia del poder.

Si bien los estamentos sociales eran en aquella época un bloque hermético e inamovible, las relaciones entre los distintos reinos y principados pendían de un hilo.

Europa todavía no existía como tal y la diplomacia aún no estaba lo suficientemente desarrollada como institución de Estado para permitir una relación fluida y cordial entre los distintos territorios.

Cada país o, lo que es lo mismo, cada soberano, en el uso de la prerrogativa incondicional que le confería por ley su posición en el trono, tendía a considerarse abanderado de Dios y del mundo.

Por si esto no fuera suficiente, la ambición y la traición no entendían de castas, de naciones y de consanguinidad. Y tan peligroso resultaba codearse con el poder como mantenerse alejado de él.

Bastante común era, por cierto, que una alianza matrimonial o un falso rumor —ora debidamente tramados, ora ingenuamente malogrados, ora maliciosamente combinados— tuviesen la incuestionable capacidad de sacudir imperios, provocar la caída de linajes ancestrales, modificar fronteras, borrar del paisaje aldeas y profusos bosques, enterrar en sangre, fuego y cenizas ciudades enteras, iniciar guerras santas en cualquier rincón del continente y arrastrar indiscriminadamente con ello las vidas, la individualidad y la dignidad de un ingente pueblo llano, sumamente pobre y analfabeto, que no conocía más horizonte que el deber de la subordinación y la falta incondicional de libertad.

No hay que olvidar que era la lealtad al soberano, que obligaba a todo súbdito desde el primer latido de su nacimiento, la que posibilitaba la cohesión de un territorio o país y, por consiguiente, la unificación de las distintas identidades culturales que lo componían.

De ahí que los gobernantes fuesen tan implacables y despiadados con sus súbditos. De ahí que las leyes que aquellos maquinaban a su antojo no tuviesen más fin que el de preservar, consolidar, amarrar y potenciar en último término la desigualdad preponderante que les permitía mantenerse en el cargo.

Este razonamiento puede parecer chocante en un principio, pero queda fuera de toda discusión si nos hacemos una idea del radical panorama que tutelaba el día a día de Europa y buena parte del mundo «civilizado» por aquellas fechas y, cómo no, el principado de Valaquia, la tierra de Vlad Draculea.

Porque esa es precisamente una de las claves para entender la «edad de los grandes señores de la guerra», que abarcó la nada despreciable cifra de mil años; aunque harto conocido es que se alargó bastantes siglos más de los que muchos consagrados historiadores acostumbran a reconocer en público.

Los gobernantes, fuese cual fuese su posición en la pirámide del poder, sabían que una buena estrategia del miedo o filosofía del terror era un aspecto fundamental, cuando no indispensable, a la hora de hacer «política», al menos para aquellos gobiernos que aspiraban a prevalecer sobre sus rivales y prolongar sus dinastías en el discurrir del tiempo.

Al duque Carlos de Orleáns, por ejemplo —en su conflicto con el duque Juan I de Borgoña por el favor del rey de Francia Carlos VI—, no le tembló demasiado la mano en el año 1413 a la hora de firmar sentencias de muerte tras haber reprimido sanguinariamente las revueltas sociales parisinas que aquel año se alzaron contra el despotismo de la nobleza, la desigualdad ante la injusticia y los abusivos impuestos.

Tampoco practicaron demasiado el significado de la palabra *piedad* Isabel de Castilla y Fernando de Aragón, los Reyes Católicos de España, cuando, a partir de 1478, entre otras muchas barbaridades que tuvieron lugar durante su cruel reinado, tomaron violentas represalias en nombre de la religión contra los mudéjares y los judíos que eran acusados de ser falsos conversos.

¿Qué otra cosa pretendía la archiconocida Santa Inquisición sino difundir el temor entre sus fieles cuando los acusados de herejía eran sistemáticamente torturados antes de ser decapitados, ahorcados, quemados o cocidos vivos?

¿Fue quizá menos ejemplarizante Enrique VIII, rey de Inglaterra, cuando en el año 1536 se confabuló para decapitar a su segunda esposa, Ana María Bolena, o cuando en 1542 repitió idéntica operación para asegurarse la ejecución de la quinta, Catalina Howard, al considerarlas a ambas mujeres infieles?

Cualquier excusa era buena en aquellos tiempos de penumbra existencial para poner en práctica los más despiadados tormentos y las más retorcidas ejecuciones públicas, prácticas que, no hay que olvidarlo, estaban social y jurídicamente normalizadas.

La traición, por ejemplo, estaba castigada con el descuartizamiento; los delitos menores, como robar o caer en perjurio, estaban penados con la amputación, ya fuese una mano, los dedos, un brazo, un pie, la lengua, la nariz o las orejas, aunque también estos delitos podían ser expiados con la pena capital, o sea, la decapitación o la horca; a los homosexuales, sin ir más lejos, de igual modo que sucedía con las mujeres que eran acusadas de herejía o hechicería, se les ahogaba o se les quemaba en la hoguera.

Como es natural, los hombres y mujeres de la Edad Media vivían bajo una intranquilidad y presión permanentes, con el temor de tener un mal tropiezo con un personaje «distinguido», hallarse en el lugar y el momento equivocados o convertirse en el blanco de una falsa acusación que les colocase en los dominios de legisladores, clérigos y egocéntricos mandamases.

En este contexto salvaje, Valaquia — Ţara Românească—, un pequeño y convulso principado ubicado en el este de Europa, a medio camino entre Oriente y Occidente, reunía por aquel entonces, en los entresijos del siglo XV, lo más destacado de las características anteriormente mencionadas. No obstante, el pequeño principado todavía no podía considerarse una nación como tal, apenas un territorio fragmentado, fundamentalmente rural, que luchaba con uñas y dientes por abrirse un hueco en la sangrienta historia del continente.

Presa de una sistemática inestabilidad política, la débil unidad del principado valaco tenía en buena parte su explicación en los intereses particulares de una antigua casta de nobles, los boyardos, que eran los dueños y señores de prácticamente todo el incipiente país, desde los Cárpatos meridionales al norte, en la frontera con Transilvania —Ţara Bârsei—, hasta las boscosas orillas del río Danubio al sur.

Interpretando al pie de la letra los principios básicos que definían el sistema feudal, los boyardos eran quienes se encargaban de administrar económicamente, militarmente y judicialmente sus propios territorios, que abarcaban la posesión de aldeas enteras.

Era tradición que entre estas familias de terratenientes se eligiese al futuro voivoda —«príncipe» en lengua valaca—, cargo que a principios del siglo XIV había empezado a adquirir especial relevancia gracias a la figura de Basarab I el Fundador, considerado como el primer «gran voivoda» o «el primero entre iguales», ya que durante buena parte de su mandato se negó a seguir siendo vasallo del reino de Hungría, dotando con ello al pequeño principado valaco de cierta independencia.

No obstante, el título de voivoda no otorgaba al elegido un poder especial sobre sus iguales, y este debía consultar las decisiones importantes con el Consejo de boyardos, al que solo tenían acceso las familias más importantes e influyentes.

Se daba además la circunstancia de que los candidatos al voivodato eran apoyados o rechazados según la conveniencia de estas familias con mayor poder militar, territorial y económico, que siempre procuraban entronizar a los nobles menos influyentes con objeto de convertirlos en sus títeres una vez instalados en el poder.

Si el aspirante no cumplía las expectativas depositadas en él, sencillamente era derrocado y sustituido.

Estando así las cosas en política interior, Valaquia tenía el plus de ser un territorio fronterizo.

Al sur, se hallaba el poderosísimo Imperio otomano en plena expansión, intentando abrirse paso hacia el corazón de Europa, asaltando continuamente las regiones y fortalezas fronterizas del Danubio. Al norte, en cambio, nos encontramos con la Europa cristiana, representada por el Sacro Imperio Romano y el reino de Hungría, cuyo propósito era hacerse con el control del principado valaco y erigirlo en un sufrido muro de contención frente al obstinado avance del Imperio otomano. La situación era tan complicada que los voivodas valacos, acorralados entre la espada y la pared, se veían obligados a lidiar, pactar y guerrear permanentemente con unos y con otros para intentar lograr —aunque en demasiadas ocasiones no lo conseguían— un mínimo de estabilidad en un principado de por sí inestable.

Todo esto hacía de Valaquia, junto con los principados vecinos de Moldavia, Serbia y Bosnia, uno de los últimos bastiones del Viejo Continente y, en consecuencia, uno de los territorios más hostiles, social y políticamente hablando, que el hombre medio occidental pueda llegar a imaginar.

Ilustrativo es en este sentido el nutrido recuento de voivodas que accedieron al poder durante los cien años que precedieron al primer, y fugaz, ascenso de nuestro protagonista Vlad Draculea al voivodato valaco, allá por el año 1448:

Nicolás Alejandro	1354-1364
Vladislav I	1364-1377
Radu I	1377-1385
Dan I	1385-1386
Mircea I el Viejo	1386-1395
Vlad I	1395-1396
Mircea I el Viejo	1396-1418
Miguel I	1418-1420
Radu II	1420-1422
Dan II	1422-1424
Radu II	1424-1426
Dan II	1426-1431
Alexander Aldea	1431-1436
Vlad II Dracul	1436-1442
Basarab II	1442-1444
Vlad II Dracul	1444-1447
Vladislav II	1447-...

Una profesión de riesgo, ciertamente, donde la posibilidad de una muerte repentina y violenta venía con el cargo.

Valaquia, tierra de encrucijadas. Valaquia, tierra de sangre y puñaladas.

En medio de este clima de conflictos y de violencia sistemática surgió la figura del príncipe guerrero que nos ocupa. Hijo y nieto de guerreros. Un hombre de su tiempo. Un hombre que, a diferencia de la mayoría de sus predecesores en el cargo, destacaría por su montaraz arrojo, suma inteligencia y voluntad de acero; un hombre que, sin embargo, sería recordado en el mundo entero por su indomable beligerancia, falta de escrúpulos y sed de sangre y actos abominables.

La eterna interrogación: ¿era Vlad Draculea más cruel que sus semejantes o infinitamente más aguerrido, valiente, ambicioso, vengativo y sagaz?

Es un hecho comprobado que el número de enemigos que se creó en vida fue indeciblemente mayor que el de sus predecesores; voces cargadas de odio, sembradas de resentimientos, impelidas por temores inexplorados, que se mimetizaron con el negro profundo de su leyenda, el mismo que él se encargó de enlutar.

Por consiguiente, antes de sumergirnos en el alma, en la crónica fiel y en las andanzas de uno de los más oscuros personajes que ha alumbrado la historia, debemos tener en cuenta que mucha de la información que se conoce hoy en día sobre su figura ha sido transmitida a través de leyendas, cuentos populares, narraciones orales, panfletos, grabados y crónicas tramadas al dictado de sus cuantiosos enemigos.

Muchos son, en efecto, los episodios de la vida del voivoda valaco que han sido sometidos a continuas modificaciones y añadidos, casi siempre con la idea de profundizar en los aspectos más macabros y soeces, y obtener así una mayor difusión.

De hecho, aunque las distintas versiones que configuran la biografía de Vlad Draculea se superponen y se contradicen en más de una ocasión, casi todas coinciden en su extraordinaria crueldad, y no en la necesidad histórica y en el instinto de supervivencia de un cultivado príncipe guerrero dispuesto a desempeñar su cargo hasta límites por entonces impensables en la tierra de diablos en que le tocó vivir.

Decididamente, eran otros tiempos, pero ya gobernantes y poderosos sabían de la utilidad de una buena campaña propagandística como arma arrojadiza. Vlad

Draculea tendría el honor de ser destinatario de los opúsculos y maquinaciones difundidos por un invento revolucionario: la imprenta de Johannes Gutenberg. Así, las fuentes alemanas, húngaras y otomanas ahondaron en el lado oscuro del voivoda valaco y le confirieron un aura demoníaca al recrearse en los detalles más sádicos y desalmados. Lo que, por otra parte, es fácilmente explicable habida cuenta de la fuerte rivalidad que existió en su momento entre Vlad Draculea y las ciudadelas sajonas de Transilvania —por aquellas fechas, bajo el dominio del reino de Hungría—, así como con el todopoderoso Imperio otomano, como tendremos oportunidad de analizar más adelante. Los manuscritos eslavos, en cambio, si bien no obvian los aspectos más morbosos, hablan de un líder estricto del que destacan su sentido de la justicia y sus cualidades como gobernante. Por último, las crónicas rumanas, en general bastante más condescendientes con el voivoda, lo equiparan en crueldad a otros gobernantes de la época y hacen de él un luchador incombustible y un héroe nacional.

Vlad Draculea siempre fue un lobo solitario.

Pese a los ríos de tinta que han corrido sobre su nombre, nadie puede defender lo contrario. Su naturaleza draconiana jamás le permitió agachar la cabeza, arrodillarse ante sus enemigos, dar la espalda a los desafíos y perseguir otra cosa que no fueran sus propios impulsos y la definición de una vida valerosa y merecedora de ser vivida. Vlad Draculea sabía sobradamente que optar al trono de su castigado país era una empresa harto peligrosa, pero se trataba de exprimir la existencia al máximo, de cabalgar al viento, de hacerse con las riendas del destino, de no perder el contacto con la realidad, de ser fiel a sí mismo aunque la muerte acechase en cada esquina, aunque el riesgo se convirtiese en rutina, porque la muerte hubiese sido no intentarlo.

El resto, el pueblo llano, los que jamás se arriesgaban, eran para él pasto del olvido, carne de anonimato, los hombres medianos que nadie en su sano juicio querría recordar.

En tres ocasiones subió Vlad Draculea al trono y en tres ocasiones lo perdió. La última, dicen, le costó la cabeza y, por defecto, la vida. Nunca, ni siquiera durante un desventurado latido, pensó el caudillo diablo en desistir en el empeño, como si se tratase de una exigencia vital, sabedor de que en cualquier momento todo pudiese acabar: gobernar o arrodillarse, luchar o ser sometido, plantar cara o esconder la mirada, matar o morir. Por ello, lo que sigue a continuación no es la crónica de un hombre corriente, sino la de un príncipe visionario, un guerrero, un asesino que se debía al color rojo de la sangre, a su herencia noble, a una venganza que creció con él desde su más desgarradora infancia y a la ambición de cohesionar un territorio fronterizo en permanente conflicto, que le obligó a sacar lo peor del *freigeist* que llevaba dentro: a afilar el lado más oscuro de su brillante talento.

Los hechos, y las leyendas que los custodian, no ofrecen dudas al respecto.

Pero, repito, el joven dragón, como el perfecto hijo de su tiempo, nunca lo tuvo fácil…

EL HIJO DEL DRAGÓN

Haciendo honor a su nombre, Vlad Draculea llegó al mundo con el preludio de la tormenta.

Cuentan que heredó el carácter aguerrido de su abuelo Mircea I el Viejo —Mircea cel Bătrân— y que desde siempre fue un niño nervioso y enrabietado, el alma de su tierra.

Tenía carácter, eso seguro.

Cuando nació, en el oscurecer del año 1431, en la ciudadela de Sighişoara, en Transilvania, su padre, todavía conocido como Vlad Basarab, andaba en tratos con Segismundo de Luxemburgo, sacro emperador romano, que acababa de nombrarlo caballero de la Orden del Dragón y, con su bendición, futuro voivoda de Valaquia.

La investidura, que tuvo lugar en la catedral de la ciudad imperial de Núremberg, supuso un salto cualitativo y sin precedentes en la trayectoria política del noble valaco, en detrimento de Dan II, que en aquellos momentos era el voivoda de Valaquia y quien había perdido la confianza del emperador Segismundo por ser sospechoso de pactar con el sultán Murat II y rendirle tributo.

La Orden del Dragón —fundada en 1418 por el propio sacro emperador romano— no era una sociedad de carácter meramente honorífico o institucional. Agrupaba a los nobles de más alto rango de los reinos de Hungría y de Polonia, y su pertenencia obligaba a guardar lealtad al sacro emperador romano hasta la muerte, así como a defender la supremacía de la fe católica de todos sus enemigos y, especialmente, de la persistente amenaza del Imperio otomano.

Casa de Vlad Draculea, en Sighişoara, Transilvania.

Hay que destacar que el verdadero propósito de que el afortunado Vlad Basarab —que a poco comenzaría a ser distinguido con el sobrenombre de Vlad Dracul o, lo que es lo mismo, Vlad el Dragón— fuese admitido en tan honrosa sociedad de nobles se debía exclusivamente al deseo expreso del emperador Segismundo de Luxemburgo de erigirlo en el principal valedor de los intereses húngaros en primera línea de fuego, allá en el sur, como avanzadilla frente al «imperio hereje».

De regreso al hogar, en Transilvania, el recién estrenado caballero de la Orden del Dragón había empezado a codiciar su futuro. Ya no se veía a sí mismo como un noble al uso, sino como el legítimo voivoda de Valaquia. Los años pasados a la sombra de Segismundo de Luxemburgo habían dado los frutos esperados. A fin de cuentas, no le había venido nada mal que, años atrás, en su juventud, hubiese sido entregado al sacro emperador romano a voluntad de su padre, Mircea I el Viejo, voivoda de Valaquia por entonces, a fin de reestablecer la confianza perdida entre ambos gobernantes.

Ahora a Vlad Dracul, un hombre ya a las puertas de la madurez, tan solo le quedaba esperar la ocasión propicia para dar el salto definitivo al poder. En pos de dicha meta, había renunciado a la Iglesia ortodoxa —el culto más extendido en el principado valaco— y se había convertido al catolicismo.

Su corazón se llenó de orgullo a finales de aquel mismo año con el nacimiento de su segundo varón, pero la oportunidad que tanto ansiaba tardaría varios años en llegar. Cinco, concretamente.

Sucedió que la maldición que perseguía al principado valaco se hizo efectiva una vez más cuando Dan II, el voivoda actual, fue repentinamente atacado y destronado por Alexandru I Aldea, un hermanastro de Vlad Dracul, que se había ganado el respaldo de los otomanos. El futuro del caballero de la Orden del Dragón se complicó sobremanera al poner en práctica el nuevo voivoda una eficaz política a dos bandas que calmó rápidamente los ánimos y contentó tanto a húngaros como a otomanos.

Así las cosas, a Vlad Dracul no le quedó otro remedio que aguardar un nuevo golpe del destino e ir consolidando poco a poco su posición ante el reino de Hungría y los nobles sajones de Transilvania como el perfecto aspirante al trono de Valaquia.

Moriría entre tanto su esposa Cneajna y se casaría con

Vasilissa Mușat, otra princesa moldava, que sería la madre de su tercer varón, Radu, conocido posteriormente como Radu el Hermoso.

No fue hasta el año de la victoria, en 1436, cuando, habiéndose decantado abiertamente Alexandru I Aldea por el bando otomano en detrimento de húngaros, transilvanos y moldavos, Vlad Dracul partió hacia Târgoviște, la capital de Valaquia, al frente de un considerable contingente de soldados y derrocó al voivoda a la postre de una serie de cruentas batallas que culminaron con su ansiada entronización.

Alexandru I Aldea consiguió huir hacia territorio otomano, salvando la vida, pero al nuevo príncipe no le importó demasiado. Al fin había hecho realidad su sueño.

¡Qué más podía pedir!

En breve, él y su pequeña familia dejaron Sighișoara para instalarse en las comodidades de la capital y, para celebrar su victoria, ordenó la acuñación de monedas de oro con el emblema de la orden que tanto honor había traído a su vida. La efigie de un dragón enroscado fue difundida por todos los rincones del territorio valaco para satisfacción y honra de su henchido dirigente.

Fue una época de regocijo, pero también de asumir grandes responsabilidades.

Vlad Draculea, el joven dragón, tenía por entonces apenas cinco años y ya empezaba a dar muestras de su fuerte personalidad por las amplias dependencias de palacio, preguntando sin cesar a nodrizas y sirvientes sobre las cosas más insignificantes, ajeno todavía al universo de hostilidades que haría de él un personaje de primer nivel, de leyenda.

El primer reto al que tuvo que enfrentarse su padre Vlad Dracul consistió en hacerse valer ante el Consejo de boyardos. Su incuestionable coraje y el respaldo del ejército nada despreciable que había contribuido a su exitosa entronización fueron aspectos clave para contrarrestar la constante intromisión de los nobles valacos en las decisiones de Estado.

Sin embargo, los verdaderos problemas se presentaron al año siguiente de su llegada al poder. No fue ninguna sorpresa para el caballero de la Orden del Dragón cuando varios contingentes otomanos cruzaron de improviso el Danubio y atacaron algunas regiones al oeste de Valaquia con la consecuente amenaza de los intereses húngaros en la zona.

Valaquia, ilustración extraída del libro *Crónicas de Núremberg* (1493), donde se narra la historia universal basándose en la Biblia.

Vlad Dracul sopesó sus posibilidades de éxito ante un ataque directo por parte de las tropas otomanas y, a pesar del sentir de su corazón, llegó a la conclusión de que debía pagar tributo al sultán Murat II si quería salvaguardar la integridad de su pequeño país. Aquel fue el principio del fin: el inicio de una complicada relación de vasallaje que marcaría para siempre la trayectoria política del voivoda hasta el violento desenlace de sus días.

Tan solo un año después, en la primavera de 1438, el caballero de la Orden del Dragón tuvo que tragarse de nuevo su orgullo y dejar paso al grueso del ejército otomano hacia el interior de Valaquia. Junto con el sultán Murat II, se adentró en tierras transilvanas y fue testigo involuntario de cómo las tropas otomanas asediaban las ciudadelas sajonas de Sibiu y Sebeș.

A partir de entonces, ya nada volvió a ser igual. La desconfianza hacia el voivoda floreció en las ciudadelas sajonas y, como sucediera con sus antecesores en el cargo, Vlad Dracul se vio obligado, de manera sistemática, a bailarle el agua a unos y a otros, con el fin de perpetuarse en el trono y salvaguardar la frágil estabilidad del principado, escenificando así la manifiesta condena que perseguía desde antaño a los voivodas de Valaquia.

Con el tiempo, la tensión y la susceptibilidad se hicieron casi insostenibles. Tres años después, en 1441 —el joven dragón tenía entonces diez años, y su hermanastro Radu, unos cinco, tal vez seis; los datos son inexactos—, la imagen de Vlad Dracul estaba tan dañada que aconteció lo que el voivoda siempre había temido que sucediera algún día: el sultán Murat II le pidió una prueba de lealtad que consistió en la entrega sin condiciones de sus dos hijos menores; del mismo modo que él mismo había sido moneda de cambio décadas atrás en favor de Segismundo de Luxemburgo, aunque con fortuna en su caso.

Era una costumbre de la época. Vlad Dracul no pudo negarse o, por el contrario, hubiera tenido que atenerse a las consecuencias. De esta forma, el sultán tenía garantizado el vasallaje y la promesa, sellada con la vida de los hijos del voivoda valaco, de que este no intentaría traicionarlo, al menos a las primeras de cambio.

Hay que señalar que en este preciso punto empezó a fraguarse el alma del personaje que nos ocupa. Con apenas diez inviernos de vida, el joven dragón no tuvo más opción que decir adiós al hogar que lo había visto crecer y se enfrentó a su destino con el corazón henchido de tristeza y de consternación; eso sí, como buen hijo de su padre, sin derramar una sola lágrima.

Según el historiador y noble rumano Neagu Djuvara, descendiente vivo de nuestro protagonista, tanto él como su hermano Radu fueron conducidos a una fortaleza próxima a Bursa, en Asia Menor, donde se encontraba una de las cortes del sultán. Siete largos años habrían de pasar hasta que el joven dragón volviese a pisar su tierra.

Lejos de allí, entre tanto, a finales de otoño de aquel mismo año, haría su aparición en el escenario de los acontecimientos el dirigente militar Juan Hunyadi, un eficiente estratega que estaba cosechando notables éxitos al mando del ejército húngaro. Este exigiría reunirse con Vlad Dracul en Târgovişte y, una vez allí, trataría de convencerlo para que se desmarcase políticamente de los otomanos en favor de la causa húngara.

Como era de esperar, Vlad Dracul, viejo lobo, no se lo pensaría dos veces para darle largas al reputado militar. El contrato que tenía con el sultán estaba firmado con la carne de su carne y la sangre de su sangre.

EL ALUMNO DISCIPLINADO

Cierto es que, durante su «secuestro», el joven dragón estuvo bien cuidado, como procedía con el vástago de un noble. Pero, indudablemente, el desarraigo del hogar y la drástica separación de su familia lo marcaron como persona.

Era un niño, solo un niño al que todavía le aguardaba un largo cautiverio en brazos de una cultura desconocida y categóricamente jerarquizada.

Su carácter se forjó en aquella época.

Se encontraba en el verdor de la vida, a la caza de sus primeras experiencias, encontrándose con sus primeras reflexiones, realizando sus primeros ejercicios de introspección. En breve, el significado de la existencia se convertiría en la gran pregunta y empezaría a definirse su personalidad.

No obstante, el joven dragón supo adaptarse a las circunstancias y, haciendo honor a su sobrenombre, aprendió a desenvolverse en el mundo de extraños en que le había tocado vivir. Al igual que su hermanastro Radu, se ilustró en el idioma y las costumbres otomanas. Pero en su caso no tardó mucho en sobrepasar con creces las expectativas creadas por sus captores.

Vlad Draculea fue un alumno aventajado en filosofía, en matemáticas y en tácticas de lucha, y daba muestras de una increíble pericia y agudeza de ingenio.

Durante años perfeccionó su complexión física y se instruyó en el manejo del arco y del sable —la espada de la media luna—, armas tradicionales otomanas en las que llegaría a ser considerado un maestro en edad adulta.

Como si de un jenízaro más se tratara —los jenízaros eran la guardia de élite del sultán: un cuerpo militar que solía nutrirse de jóvenes cristianos de muy distintas nacionalidades, esencialmente de los Estados vasallos al Imperio otomano—, el joven dragón absorbió la cultura que le había arrebatado la niñez desde las entrañas, como quedaría demostrado en buena parte de sus acciones en el futuro. Presenció entonces los famosos empalamientos y quedó muy impactado por tan atroz técnica destinada a procurar la muerte más lenta, denigrante y agónica posible a un hombre vivo.

¿Murió definitivamente a la postre de aquella inhumana experiencia el niño adolescente que aún era? ¿O fue quizá al ser maltratado y sodomizado ocasionalmente por sus carceleros, como sostienen algunas fuentes?

Sea cual fuere la verdad —posiblemente la solución estribe en una combinación de ambas circunstancias—, ¿se acostumbró pronto el joven dragón a vivir con ello o tuvo que contrarrestar cada noche sus pesadillas con el sueño de ser libre algún día?

El caso es que, a diferencia de su hermano Radu, algo creció dentro de él en aquella época. Algo frío e irrenunciable, afín al espíritu libre y combativo que lo distinguiría como persona, en consonancia con el dragón volador que habitaba dentro de él: un odio irrenunciable hacia los otomanos que lo perseguiría durante el resto de su guerrera existencia.

Aunque hay que añadir que el pueblo otomano no sería el único objetivo de su ira. Ni mucho menos.

EL ASCENSO DEL JOVEN DRAGÓN

Solo con el recrudecimiento del dolor, con la confirmación de la consanguinidad perdida, llegó un nuevo golpe del destino.

En el año de gracia de 1448, con apenas diecisiete años, el joven Vlad Draculea fue liberado de su especial cautiverio al conocer la noticia de que tanto su padre, Vlad Dracul, como su hermano Mircea habían sido asesinados por obra del estratega militar Juan Hunyadi en complicidad con la nobleza de su propio país.

Recordemos que Vlad Dracul había muerto a palos, muy cerca de Bucarest, y que Mircea había sido torturado y enterrado vivo en Târgovişte, la capital de Valaquia.

El odio del joven dragón fue doble.

Ya se consideraba a sí mismo todo un hombre. En aquellos tiempos, diecisiete inviernos tatuados en la piel y en el alma bien valían un primer paseo por la guerra. Y el joven dragón estaba ansioso por poner en práctica años de duro e intenso entrenamiento.

La suerte estuvo de su lado cuando el ambicioso sultán Murat II le propuso liderar una campaña contra el nuevo voivoda de Valaquia, Vladislav II, que, no por casualidad, había sido apoyado en su ascenso al trono por el propio Juan Hunyadi.

El joven Vlad Draculea vio en la propuesta del sultán la oportunidad soñada para llevar a cabo su venganza y, al mismo tiempo, recuperar el trono que legítimamente, por orgullo, le correspondía. Aprovechando, pues, una ausencia de Vladislav II, que se encontraba inmerso, junto con la mayor parte de su ejército, en una cruzada en los Balcanes en compañía del dirigente militar Juan Hunyadi, acaudilló un discreto contingente de soldados otomanos y atacó la desprotegida Târgovişte.

Evidentemente, la resistencia fue escasa, casi nula: una guarnición de un par de centenares de hombres, y el hijo del dragón se hizo fácilmente con el poder autoproclamándose voivoda de Valaquia con el nombre de Vlad III Basarab.

El príncipe guerrero que guiaba sus actos se congratuló al haber pasado su primera prueba de fuego.

Pese a que el reinado sería corto, apenas dos meses en el trono, la confianza que Vlad Draculea adquirió al frente de su primer ejército creció hasta límites insospechados, con el ímpetu característico de su temprana edad.

No obstante, una vez finalizada la contienda, el joven dragón supo que no había llegado para quedarse.

Hacía tiempo que había aprendido la lección de que nada era fácil en la vida. De modo que enseguida fue muy consciente de que tampoco podría llevar a cabo su venganza contra los boyardos y Juan Hunyadi, ya que, cuando llegase el momento en que Vladislav II diese por finalizada su campaña en los Balcanes y se plantase con su ingente ejército a las puertas de Târgovişte, él no tendría los medios y el apoyo necesarios para oponer un mínimo de resistencia.

En el fondo, su intención no había sido otra que la de cumplir un reto personal, la promesa que probablemente se lanzara a sí mismo, en silencio, subconscientemente, aquel día años atrás en que había sido tomado como rehén por los otomanos debido a una estúpida costumbre entre estúpidos gobernantes.

Se trataba, evidentemente, de su primer zarpazo a los estamentos del poder. Su primera estocada a un mundo despiadado y hostil, a una época tildada por la religión de la sangre, la traición, la violencia y, en definitiva, la muerte que todo lo envolvía.

Es obvio que la experiencia le entusiasmó. No en vano, el recuerdo de aquel episodio iniciático, si bien insignificante desde un punto de vista histórico, pero íntimamente trascendente, se convertiría en su segunda sombra durante los siguientes ocho años. Aquel había sido su bautismo, la consagración de un hombre hecho a sí mismo, que se había criado sin el cariño de una madre, que había crecido lejos de la protección de un padre.

Sí. Algún día regresaría victorioso a Târgovişte y desde allí se daría a conocer al mundo entero; ¡desde allí su nombre sería escuchado con respeto y temor!

De momento, al joven Vlad Draculea no le quedó otra opción que huir hacia Andrianópolis, la capital del Imperio otomano, donde se refugió durante una temporada hasta que, por motivos desconocidos —los detalles nuevamente son escasos—, abandonó la corte del sultán y se instaló en el principado de Moldavia, donde gobernaba su tío Bogdan II. Es muy probable que su salida de Andrianópolis se debiese a su firme negativa de convertirse en el nuevo títere del sultán, por lo que buscar apoyo en la familia debió de parecerle la opción más plausible.

Sin embargo, a su llegada a Moldavia, el joven dragón descubrió que el principado de su elección estaba muy lejos de vivir tiempos de armonía y de paz.

Allí decidió unirse sin tardanza a la causa de su tío Bogdan II contra su rival directo por el trono, Alejandro II, ejercitándose en las labores del campo de batalla y nutriendo así su currículum militar al refrenar valientemente, junto con su primo Esteban, hijo de Bogdan II, los ataques de las huestes opositoras.

Precisamente en aquel ambiente de luchas por el poder, Vlad Draculea se encontró con las excelencias del amor. En Suceava, la capital del principado moldavo, el joven dragón conoció y cortejó a la que sería su primera esposa, la princesa Cnaejna Báthory, con la que se casó a la edad de dieciocho años.

Las circunstancias empezaron a serle favorables, a conjurarse con sus más altas aspiraciones. Gracias a los servicios prestados, cada vez estaba mejor posicionado en las esferas del poder y sus contactos en el principado moldavo eran, sin duda, inmejorables.

El asalto definitivo al voivodato de Valaquia parecía cada vez más cercano cuando, de repente, corría el invierno de 1451, su tío Bogdan II fue asesinado en un complot de la nobleza y el joven dragón no vio otra solución que posponer sus planes de nuevo y poner rumbo con su esposa hacia tierras transilvanas para salvar la vida.

Lo acompañó en la huida su primo Esteban, quien años después se convertiría en el futuro voivoda de Moldavia, conocido como Esteban el Grande.

Al frente, el color gris, parduzco, de la penumbra.

AÑOS DE VIGILIA Y DE SOMBRA

«En cuanto al ejercicio de la mente, el príncipe debe estudiar la historia, examinar las acciones de los hombres ilustres, ver cómo se han conducido en la guerra, analizar el porqué de sus victorias y derrotas para evitar estas y tratar de lograr aquellas, y sobre todo hacer lo que han hecho en el pasado algunos hombres egregios que, tomando a los otros por modelos, tenían siempre presentes sus hechos más celebrados. Como se dice que Alejandro Magno hacía con Aquiles, César con Alejandro, Escipión con Ciro. [...] Esta es la conducta que debe observar el príncipe prudente: no permanecer inactivo nunca en los tiempos de paz, sino, por el contrario, hacer acopio de enseñanzas para valerse de ellas en la adversidad, a fin de que, si la fortuna cambia, lo halle preparado para resistirle».

Maquiavelo

Y entre 1452 y 1455 desapareció. El joven dragón replegó sus alas y pasó desapercibido como un lobo con piel de cordero.

Nada se conoce a ciencia cierta sobre sus actividades durante aquellos años. Todo son rumores, habladurías y suposiciones que forjan, eslabón por eslabón, la mítica cadena de los hechos: la media luz que define a todo personaje tejido de sombras.

Se sospecha que estuvo viajando de un lado para otro, forjándose nuevas amistades aquí y allá, acechando a todos los protagonistas del tablero de los acontecimientos, reuniéndose con unos y con otros, empapándose de las estrategias del poder, de la importancia de las rutas comerciales, de la economía y los impuestos para la buena salud política de un Estado, planeando hasta el más mínimo detalle su futuro asalto al principado de Valaquia, perfeccionándose a un tiempo en el arte de la guerra como sobradamente demostraría después.

Naturalmente fue entones, con toda probabilidad, cuando asimiló a tal fin, en sus idas y venidas, desde la distancia intelectual que da la madurez, las claves del éxito de la política otomana. El alumno disciplinado se graduó al fin.

Reza la leyenda que, en esta nueva etapa de aprendizaje, Vlad Draculea completó su instrucción al ser aceptado en la escuela esotérica de Scholomance, ubicada hipotéticamente en las proximidades del lago Sibiu, donde pudo tener acceso a ciertas doctrinas vitales y artes oscuras que le serían de gran ayuda en un futuro tan impredecible como incierto e inexplorado.

Como veremos, el joven dragón no era muy dado a dejar cabos sueltos. En su opinión, nada como un paso hacia delante en la dirección correcta para no quedar expuesto al capricho del azar.

Parece ser que, llegado el momento, tampoco tendría muchos reparos en disfrazar su odio y acercarse interesadamente a la figura de Juan Hunyadi, con la intención de agenciarse el apoyo del célebre militar y sumarlo así a su causa, ya que le llegaron noticias de que este había comenzado a perder la confianza en su protegido en el trono de Valaquia, Vladislav II.

A tenor de los hechos que se desarrollaron con posterioridad, lo cierto y seguro es que Vlad Draculea permaneció bien atento a todos los movimientos que tuvieron lugar sobre el escenario del poder.

Estatua de Juan Hunyadi, en el Bastión de los Pescadores, en Budapest.

El dragón volador que anidaba en su corazón, pese a no conocer el significado de la palabra *paz*, supo plantar sus garras en tierra, contener el aliento, cultivar el alma y aguardar la oportunidad que se le debía sin traicionar su temple vengador.

Y esta llegó.

¡Vaya que sí llegó!

DE NUEVO EN LA LUCHA

Resulta que había sido al morir Murat II y sucederle su hijo Mehmed II como sultán del Imperio otomano, cuando hubo sospechas de un acercamiento entre Vladislav II y el nuevo sultán.

Esta circunstancia no fue del agrado de Juan Hunyadi, cuya intervención fue determinante para que Ladislao V, el entonces rey de Hungría, cediera el control de las principales rutas comerciales entre Transilvania y Valaquia a las ciudadelas sajonas, hecho que evidentemente no fue bien visto por Vladislav II. Las relaciones entre Juan Hunyadi y Vladislav II se enfriaron rápidamente.

Como hemos dicho, ese fue el momento elegido por el joven Vlad Draculea para contener su rabia, guardar las apariencias y aproximarse a uno de los promotores de los asesinatos de su padre y su hermano, ocho años atrás, ofreciéndose a este como el perfecto aspirante al voivodato de Valaquia. Tal y como había sido previsto por el joven dragón, las ciudadelas sajonas no tardaron en apostar por él tras la inestimable intervención de su nuevo aliado.

Fue por entonces cuando la sombra de la guerra cobró de nuevo forma al sur del Danubio: el pan y la sangre de cada día en los convulsos países de los Balcanes.

El sultán Mehmed II, que se había presentado en sociedad como un líder ambicioso —había conquistado

Constantinopla en el año 1453 e invadido Serbia en dos ocasiones, tanto en 1454 como en 1455—, avanzó en dirección a Belgrado —el gran bastión de reino de Hungría en su frontera sur— al frente de un ejército de decenas de miles de hombres, con la intención de trasladar su particular guerra santa a los pies de la vieja Europa.

Mientras Juan Hunyadi acudía en defensa de Belgrado, a Vlad Draculea se le confió la misión de quedarse en la retaguardia a cargo de la protección de las ciudadelas transilvanas. El joven dragón aceptó de buen grado la tarea encomendada, pero no pudo evitar pasar las siguientes semanas envuelto en un constante sinvivir, asaltado por súbitos y peregrinos brotes de vehemencia y excitación que solían ir acompañados de una creciente sensación de insomnio cuando se aproximaba la noche. Al fin, la culminación de sus propósitos se hallaba a la vuelta de la esquina.

Ya rozaba la victoria con el filo de su espada. Ya imaginaba a su rival humillado ante él, hincadas las rodillas en la tierra roja y empapada del campo de batalla, suplicándole su perdón.

El príncipe guerrero, ávido de triunfos que guiaba sus actos, empezó a reencontrarse consigo mismo, a respirar mucho más tranquilo, incluso precozmente satisfecho, cuando conoció la noticia de la que fue una de las victorias más sonadas del veterano Juan Hunyadi, que desembocó en la aplastante retirada de las huestes otomanas.

Templado entonces como el acero, a la altura de la situación, arropado por largos años de intensiva planificación, Vlad Draculea apenas dejó pasar unos días de aquel enardecido verano de 1456 antes de cruzar por sorpresa el mítico paso de la Torre Roja y adentrarse en territorio valaco a la cabeza de un ejército compuesto mayoritariamente por soldados transilvanos y valacos exiliados.

Vladislav II no tuvo la menor oportunidad. La ferocidad de las huestes que se le vinieron encima no tuvo precedentes en la memoria del malogrado voivoda.

Tras la cruenta batalla, su ejército de miles de hombres quedó reducido a una muchedumbre dispersa y acobardada que solo aspiraba a morir o deponer las armas y rendirse para pedir clemencia y así optar a salvar la vida. Acto seguido, el destronado voivoda fue hecho prisionero y puesto a disposición de su vencedor.

Pero el joven y fiero dragón no tuvo piedad alguna con él. Las ingenierías del alma no iban con su carácter. En breve, Vladislav II fue ejecutado en la plaza principal de Târgovişte, a la vista del que había sido su pueblo, y Vlad Draculea, por segunda vez en su corta vida, con veinticinco experimentados inviernos a las espaldas, se coronó a sí mismo como Vlad III Basarab, voivoda del principado de Valaquia.

Ese mismo verano, como si el azar y el dios de la venganza se hubiesen confabulado para honrar la entronización del príncipe soldado con sangre de dragón, Juan Hunyadi, su viejo enemigo, su odiado aliado, agonizaba, víctima de la enfermedad de la peste, y murió finalmente en la soledad de un lecho, sin honor, sin aplausos. Apenas había transcurrido un mes desde su última gran victoria.

EL REGRESO DEL DRAGÓN

> «[...] es preciso que un príncipe eche los cimientos de su poder, porque, de lo contrario, fracasaría inevitablemente. Y los cimientos indispensables a todos los Estados, nuevos, antiguos o mixtos, son las buenas leyes y las buenas tropas».
>
> Maquiavelo

Se inició entonces el reinado más extenso y fructífero de Vlad Draculea, el mandato que le aseguraría un lugar de honor en la memoria del tiempo y de la historia.

Seis imperiosos años de un gobierno autoritario y lapidario con dos directrices bien definidas. Una, asegurar la independencia de Valaquia protegiendo sus intereses económicos, estratégicos, militares y políticos. Y dos, hacer del principado un territorio cohesionado y con identidad propia, a la altura de las expectativas de su único e incuestionable líder: Vlad Draculea, el hijo del dragón.

Pero antes el recién investido voivoda tendría que asentarse en el trono y fortalecer su posición al frente de su pequeño y desestructurado país. Y parecía haberlo previsto todo.

Una vez instalado en Târgovişte, el caudillo con sangre de dragón en las venas procedió a liberarse de algunos compromisos que había contraído con buena parte de la nobleza de las ciudadelas sajonas en su carrera hacia el poder. En primer lugar, accedió al libre tránsito, por todo el principado valaco, de las mercancías provenientes de las ciudadelas transilvanas y, de inmediato, juró lealtad al rey de Hungría, Ladislao V el Póstumo, con el fin de crear un clima de estabilidad y cordialidad a su alrededor. Lejos de menospreciar el bando contrario, se guardó las espaldas en segundo lugar, accediendo a pagar un tributo anual al sultán Mehmed II y declarándose su aliado vasallo.

El voivoda fue en extremo cuidadoso con la letra pequeña de los acuerdos que se comprometió a respetar. Su propósito, valga la redundancia, estribaba en no despertar la menor sospecha de sus verdaderas —irrenunciables y muy muy meditadas— intenciones tras ocho años de exilio político.

En el fondo, no tenía ninguna prisa. Su venganza definitiva contra las familias boyardas que habían participado en los brutales asesinatos de su padre y su hermano mayor aún podía esperar un poco más. Cuanto más confiasen en él, mayor sería la decepción cuando llegase el momento de ajustar cuentas y mayores también serían la agonía y el sufrimiento de los últimos latidos.

Entre tanto, tal vez para ir abriendo boca, se contentó con detener y condenar a muerte a algunos nobles valacos que habían sido acusados de ser traidores a su causa. Por supuesto, los ejecutó junto a sus respectivas familias, para que nadie tomara represalias en el futuro; de igual modo, todas las propiedades fueron rigurosamente requisadas y distribuidas entre los partidarios de su régimen y los boyardos aliados.

En esta primera etapa de mandato, Vlad Draculea tenía muy claro que debía llevar a cabo la típica política «a dos bandas» que ya habían puesto en práctica, aunque a regañadientes y con relativa fortuna, la mayoría de sus predecesores en algún que otro periodo de sus complicados gobiernos, entre ellos, su padre, Vlad Dracul, y su abuelo, Mircea I el Viejo. En opinión del príncipe guerrero, aquella era una estrategia tan válida como cualquier otra para contentar a las dos grandes potencias vecinas, el reino de Hungría y el Imperio otomano, con el objetivo, subrepticio, subliminal e interesado, de aguardar el contexto adecuado.

Por supuesto, el voivoda sabía muy bien que, de alargarse en el tiempo aquel doble juego en sus estrictos términos, su futuro, al menos un futuro acorde con las aspiraciones del dragón que llevaba dentro, estaba irremediablemente abocado al desprestigio, al deshonor y, por último, al más estrepitoso de los fracasos.

Había estudiado a conciencia la historia de su país. Había sopesado los pros y los contras de cada decisión política una y mil veces. Había repasado hasta el más nimio detalle. Él no cometería los mismos errores. Él era muy consciente de cierta ley universal que, al parecer, sus predecesores habían pasado por alto, o quizá menospreciado, al menos en su entera dimensión: en el mundo de los hombres, la paz nunca duraba demasiado.

Paradojas del oficio, fuerza de voluntad o simple lógica elemental, apenas transcurridos unos meses desde su entronización, las cosas fueron bien distintas.

Los comerciantes de las ciudadelas sajonas de Transilvania serían los primeros en conocer la catadura política del aguerrido voivoda; los primeros, pues no les quedó otra, en atenerse a las consecuencias.

MI PALABRA ES LEY

Asentado ya en el poder, Vlad Draculea se dispuso a dar un radical giro de ciento ochenta grados a su mandato impulsando la fase inicial de una política proteccionista en la que primarían estrictamente los intereses nacionales valacos.

La intención había permanecido, latente, intacta, en su pensamiento desde el principio, incluso muchísimo antes de su llegada al trono: edificar un Estado sólido, basado en una eficaz política de recaudación de impuestos, un ejército permanente y, por supuesto, la figura de un soberano con la autoridad necesaria para neutralizar la sempiterna influencia de los nobles boyardos en los mecanismos del poder.

Sin embargo, la riqueza necesaria para llevar a cabo sus planes no debía salir de su empobrecido pueblo. ¿Por qué no exprimir a las ricas y prósperas ciudadelas sajonas? ¿No se aprovechaban cada día de la estratégica situación de Valaquia como ruta comercial? A tal efecto, valiéndose de su posición, actualizó los impuestos aduaneros e impuso notables restricciones al tránsito de mercancías dentro del principado valaco. Desde entonces, los comerciantes sajones no solo vieron encarecido el transporte de sus productos al cruzar la frontera, sino que adquirieron la obligación de venderlos en ciertas ferias concretadas para tal fin, como fueron, por ejemplo,

Tirgşoru y Câmpulung, mercados en los que debían dar prioridad a los comerciantes valacos.

En efecto, las reformas del voivoda supusieron un duro golpe para el común de las ciudadelas sajonas. Los asentamientos como Sighişoara, Braşov o Sibiu —fundados por los colonos germanos que habían llegado a tierras transilvanas en las oleadas migratorias de los siglos XII y XIII— eran en aquella época, merced a una envidiable ubicación geográfica, florecientes ciudadelas fortificadas erigidas en prósperos centros sociopolítico-económicos. En la práctica, el decretazo de Vlad Draculea significaba que ahora únicamente los súbditos valacos tenían derecho a beneficiarse de la venta al por menor en todo el territorio nacional, particularidad que, a poco, empezó a provocar serias mermas en las ganancias de los comerciantes transilvanos, habituados como estaban, desde tiempo atrás, a distribuir ellos mismos sus mercancías.

«Mi palabra es ley», proclamaría el caudillo con sangre de dragón para sus adentros en más de una ocasión.

Su alegría fue en aumento a medida que se sanearon las arcas del Estado valaco, pues, a partir de entonces, pudo aumentar rápidamente el número de su guardia personal y empezar a contrarrestar la influencia de las familias boyardas en la política del país.

Ciertamente, hubo quienes demostraron abiertamente su disconformidad con la rotundidad de la medida. Los impuestos —considerados abusivos— provocaron de inmediato el rechazo de muchos comerciantes sajones, que decidieron no respetar el decreto, pensando que Vlad Draculea, a semejanza de la mayoría de sus predecesores, no duraría demasiado en el trono. De modo que continuaron distribuyendo sus mercancías dentro del principado valaco haciendo caso omiso de las nuevas leyes. Vlad Draculea tomó medidas en el acto y no fueron pocos los mercaderes transilvanos que acabaron arrestados y empalados para dar ejemplo.

Conocido es el episodio en que el voivoda invitó a unos cuarenta jóvenes sajones que se hallaban en Valaquia a que visitaran las dependencias de su castillo de Târgovişte. Los jóvenes fueron conducidos mediante engaños a una gran sala en la que fueron encerrados y quemados vivos. La noticia de la matanza corrió como la pólvora y, en cuestión de semanas, el segundo mandato de Vlad Draculea se convirtió en el objetivo del odio creciente de quienes en su día cometieron el grave error de considerarse sus aliados.

Pronto llegaría a oídos del voivoda la confirmación de que las ciudadelas sajonas, en especial Braşov y Sibiu, habían comenzado a establecer lazos con algunas familias de nobles boyardos. Nuevas e incipientes amenazas de conspiración se configuraron en el horizonte de los hechos.

Entrado el año de gracia de 1457, se abrieron dos frentes claros que pretendían disputarle el trono a Vlad Draculea: Dan III, por un lado, perteneciente a la familia Dăneşti y candidato de los sajones de la ciudadela de Braşov, y, por otro, Vlad IV Călugărul o Vlad el Monje, un hijo bastardo de Vlad Dracul y, por consiguiente, el hermanastro de Vlad Draculea, apoyado por los nobles de la ciudadela de Sibiu.

Lobo entre lobos, versado en años de estudio sobre un mundo tejido de intereses, conjuras y puñaladas por la espalda, Vlad Draculea decidió tomar cartas en el asunto. Mientras su robustecido ejército empezaba a preparar los arreos de guerra, a afilar aceros y conciencias, escribió a ambas ciudadelas transilvanas para que depusieran su actitud sin demora. Como cabía esperar, recibió una negativa por respuesta y el amago de uno de sus rivales, Vlad IV Călugărul, precisamente su hermanastro, de hacerse con el control de la región transilvana de Amlas, cuyo dominio pertenecía a Vlad Draculea y en el pasado había pertenecido a su padre, Vlad Dracul. Impelido por su naturaleza draconiana, el voivoda no dudó en responder con la contundencia del fuego que ardía en su interior, como sería habitual en él durante los vehementes años que distinguirían su mandato, empezando así a darse a conocer entre súbditos, enemigos y extraños con el sobrenombre que le perseguiría durante el resto de su existencia, incluso tras las sombras de su misteriosa muerte: Vlad Tepes o, lo que es lo mismo, empero en cristiano, Vlad el Empalador.

El dragón había echado a volar.

EL DRAGÓN CON ALMA DE DIABLO

> «La venganza es el manjar más sabroso condimentado en el infierno».
>
> Walter Scott

El viento negro de la noche fluía entre el pardo profundo de los bosques que escalaban las escarpadas laderas de las montañas cuando, con la llegada del buen tiempo, el dragón con alma de diablo se adentró en Transilvania cruzando el paso Predeal.

Ni en sus peores pesadillas, los habitantes de las regiones de Braşov, Amlas y los alrededores de Sibiu imaginaron la sentencia que se les venía encima, avanzando lentamente, mimetizada en la oscuridad de una noche sin luna y sin alma.

Vlad Draculea atacó durante semanas.

Aparecía siempre por sorpresa, en cualquier momento, en cualquier lugar, utilizando con frecuencia la noche como escudo, arma y disfraz para saquear, quemar, torturar y matar sin miramientos, escribiendo, al dictado de una exhaustiva y premeditada política del terror, el primer capítulo de sus legendarios empalamientos.

No en balde, las maderas nobles de los bosques de las regiones transilvanas se aliaron con él y su hambrienta legión de vengativos diablos interiores.

El resto de su ejército, pulcra y llanamente, se limitó a cumplir órdenes.

No se tomaron prisioneros. Al término de aquellas feroces ofensivas, todos los supervivientes —incluidos ancianos, niños y mujeres— acompañaron al ejército del voivoda de regreso a Valaquia para ser empalados sin distinción.

Huelga aclarar que, si bien Vlad Draculea había presenciado por vez primera el martirio de los empalamientos durante su instructivo cautiverio en poder de los otomanos, la práctica de esta sádica técnica de ejecución no era exclusiva de los mismos. En justicia hay que decir que su uso estaba bastante extendido en la época. Notable era el número de reyes, gobernantes y señores feudales que, para escenificar su odio, habían utilizado y utilizarían este brutal método de exterminio que hermanaba, de un modo tan simple como atroz, la tortura con la muerte, la carne con la sangre, la angustia con la desesperación, hasta el punto de que las hacía prácticamente indivisibles.

Esteban el Grande, primo de Vlad Draculea, tomaría buen ejemplo de ello a partir de aquel mismo año cuando accediese al trono de Moldavia tras derrocar al voivoda regente con la inestimable ayuda de un contingente de soldados enviado por el voivoda valaco.

En el extremo opuesto del continente europeo, Isabel de Castilla y Fernando de Aragón, los Reyes Católicos de España, tampoco harían ascos a este impar método para sembrar el terror en la conquista del Nuevo Mundo.

Una prueba fehaciente de que el conocimiento del empalamiento había traspasado generaciones y fronteras con absoluta normalidad es el hecho de que Vlad Draculea no necesitó esforzarse para contratar a una gran cantidad de verdugos y profesionales de la muerte con que llevar a cabo sus ingentes matanzas.

Desde tiempos inmemoriales, la técnica del empalamiento se llevaba a cabo en dos modalidades básicas. La primera, que concedía al condenado una muerte menos violenta y mucho más rápida —si es que ambos términos pueden ser aplicados aquí con todas las consecuencias—, consistía en clavar, o introducir si se prefiere, una estaca muy puntiaguda, de una longitud considerable, un metro y medio o dos aproximadamente, en el pecho, en el abdomen o en el ano de la víctima al menos unos cincuenta o sesenta centímetros. Para ello, el verdugo se ayudaba de una buena maza o de la fuerza de un par de bestias de tiro. Una vez empalado el sujeto, la estaca se clavaba verticalmente en tierra, de modo que desde ese momento era el propio peso del condenado el que provocaba que la estaca se fuese introduciendo cada vez más en el interior de su cuerpo.

La segunda modalidad —la más utilizada por el voivoda valaco— dependía en gran medida de la habilidad del verdugo de turno. En esta ocasión, se trataba de introducir en el condenado una estaca con la punta roma, debidamente engrasada para que la madera se deslizase sin problemas en el interior de la carne, procurando el verdugo no dañar los órganos vitales en la operación, con el objetivo de prolongar al máximo el martirio. Solo en este segundo caso, el martirio podía durar desde unas pocas horas hasta varios días y noches, y tal era el dolor que torturaba a cada latido la existencia del condenado que la muerte era deseada y suplicada a los verdugos desde el primer momento.

La aparición de todo tipo de alimañas y animales carroñeros, como podían ser cuervos, ratas, insectos, perros salvajes y el común de la fauna local, añadía una nota macabra al hambre, la sed, la angustia y la gravedad de las heridas.

Entre tanto, poco a poco, meticulosamente lenta y cruel, como si tuviese vida propia, la estaca se iba hundiendo en las entrañas de la víctima, desgarrando metódicamente su ser por dentro, hasta que la punta del palo de madera sobresalía de nuevo en el pecho, en los hombros, en el cuello o en la boca, según tocase.

Se puede entender que las atemorizadas ciudadelas transilvanas pidieran ayuda de inmediato a Ladislao V, el rey de Hungría. El monarca atendió a sus reclamaciones y, después de arduas negociaciones, donde llegó a intervenir la familia del difunto Juan Hunyadi en favor del voivoda valaco, Vlad Draculea, calmada al fin la sed de venganza, accedió a firmar un tratado de paz a finales del otoño de aquel año 1457.

Las condiciones del pacto obligaron a las ciudadelas sajonas a retirar su apoyo a los rivales de Vlad Draculea en la lucha por el trono de Valaquia, mientras que, por su parte, el caudillo con sangre de dragón se comprometió a suavizar las restricciones comerciales que tantos pesares y odios habían suscitado entre sus vecinos del norte.

En el fondo, para el voivoda valaco todo había salido a pedir de boca, como cabía esperar. Sus actos no habían tenido excesivas consecuencias y, asimismo, había aprovechado una ocasión magnífica para poner a prueba la pericia bélica de su reforzado ejército en el campo de batalla. A su juicio, ¡nada mejor que un «paseo» por la guerra para consolidar los instintos asesinos, potenciar la falta de escrúpulos y mantener bien alta la determinación de las tropas!

Quiso, no obstante, la ley de la naturaleza que, al año

siguiente, las piezas en el tablero del poder variasen y la nueva coyuntura fuese favorable a las pretensiones del voivoda.

Ocurrió lo siguiente.

En 1458, tras la repentina muerte de Ladislao V el Póstumo, Matías Corvino —hijo del difunto Juan Hunyadi— consiguió proclamarse nuevo rey de Hungría frente al candidato de las ciudades sajonas, el llamado Federico III.

Perspicaz, intuitivo como siempre, Vlad Draculea se había posicionado desde el primer momento del lado de Matías Corvino como su aspirante favorito al trono de Hungría, lo que propició que este, una vez coronado, intercediese en su favor para anular los acuerdos contraídos con las ciudades sajonas, acuerdos que de nuevo habían hecho prevalecer injustamente los derechos mercantiles sajones sobre los intereses económicos valacos.

Ahora, con legítima libertad para obrar a placer, Vlad Draculea pudo retomar su política económica, continuar consolidando su posición como líder de su pequeño país, ahondar en la independencia del mismo y dar consistencia a un ejército propiamente valaco en permanente progresión numérica, armamentística y logística.

De nuevo, todos los mercaderes transilvanos que no se sometieron al derecho de emporio fueron detenidos, empalados, y sus mercancías, debidamente requisadas.

Respecto al problema de los boyardos, la situación se recrudeció aún más si cabe.

No cayó en saco roto la certeza en el voivoda con alma de diablo de que los nobles de su país habían tenido algo o mucho que ver con la persistente insumisión tributaria y política de los nobles de las ciudadelas sajonas.

No en vano, Vlad Draculea había continuado empalando a quienes consideraba enemigos, traidores, conspiradores o simples sospechosos de serlo; había continuado confiscando sus riquezas y propiedades, que casi siempre solían ser distribuidas entre sus más fieles partidarios y, en muchas ocasiones —haciendo gala de un talante decididamente «antiburgués», singular para la época—, entre pequeños nobles, comerciantes y campesinos libres, también afines a su causa.

Pero esta vez, en el uso de un ánimo incendiario, la sed del voivoda no se detendría ahí. La larga espera había tocado a su fin.

Fue en la festividad del Domingo de Resurrección del año 1459 cuando Vlad Draculea dio una nueva dimensión al significado de la palabra *venganza*.

No por casualidad invitó el voivoda a los boyardos más influyentes del Consejo y a sus familias a un gran banquete que se celebró en su castillo de Târgoviște.

Se sirvieron los manjares más exquisitos, las frutas y bebidas más exóticas, los postres más dulces. El propio Vlad Draculea protagonizó animadas conversaciones con sus comensales. Cuentan que un curioso juego de adivinanzas, sugerido por él mismo, sazonó el evento con risas, aplausos y añejos recuerdos sobre la historia del señorío del principado.

Los comensales estaban agradecidos; el estómago, ceñido al cuerpo; el ánimo, satisfecho; los instintos, amilanados, mientras aquel domingo de celebración religiosa les sonreía, cuando Vlad Draculea, melena al viento, odio en ristre, posó el brillo de sus grandísimos ojos grises de lobo en la inquietud soterrada de un lacayo cercano.

De seguido, con rápido ademán, el voivoda realizó la señal pactada a medida que su boca dibujaba un rictus imposible.

La suya era una sonrisa de diablo, la carcajada gélida y silenciosa de un príncipe vengador, tan real como el horror que a poco se desplomaría bruscamente sobre el espíritu de la celebración.

Y, a continuación, se ejecutó la sentencia firmada de antemano: la culminación de una venganza fraguada once años atrás en el preciso latido en que un joven desarraigado de su hogar, un guerrero en ciernes con más arrojo que destreza en las venas, había escuchado del emisario de turno la noticia de las violentas muertes que habían sufrido su padre, Vlad Dracul, y su hermano mayor, Mircea; venganza que había cristalizado irrevocablemente al conocer aquel joven huérfano la procedencia y la casta de los asesinos.

Por sorpresa, como un eco del pasado, la guardia personal de Vlad Draculea se conjuró en los aledaños del festín y rodeó a los quinientos invitados. El estupor se contagió entre los presentes. Pero eso fue solo al principio porque, acto seguido, los quinientos nobles valacos fueron apresados y empalados uno detrás de otro por toda la capital.

Hijos. Padres. Hermanos. Maridos. Esposas.

Frente a frente. Horror con horror. Dolor sobre dolor. Y miedo, un miedo absoluto que pareció envenenarlo todo, hasta el último pensamiento, cada brizna de cordura, cada rincón de soledad, omnipresente en el aire espeso, con sabor a muerte.

Una versión diferente de la historia cuenta que el dragón con alma de diablo empaló únicamente a ancianos, mujeres y niños, mientras que los hombres y mozos más fuertes fueron conducidos hacia el noroeste, a las entrañas de un recóndito enclave ubicado en los montes transilvanos meridionales, junto al río Argeș, donde fueron obligados a realizar trabajos forzados hasta morir de hambre, de frío y de agotamiento en la reconstrucción de la fortaleza de Poenari: refugio último, nido de águilas y síntoma supremo de la determinación de Vlad Draculea, al igual que otras construcciones cuya reforma y fortificación el voivoda había puesto en marcha por todo el principado.

Sin lugar a dudas, el dragón había echado a volar, y su aliento, su justa lengua, era la voz del fuego.

El castillo de Poenari, actualmente en ruinas, se encuentra sobre un acantilado en el distrito de Argeș (Rumanía).

2. VLAD EL DIABLO

«No era muy alto, pero sí corpulento y musculoso. Su apariencia era fría e inspiraba cierto espanto. Tenía una nariz aguileña, fosas nasales dilatadas, un rostro rojizo y delgado, y unas pestañas muy largas que daban sombra a unos ojos grandes, grises y bien abiertos; las cejas negras y tupidas le daban un aspecto amenazador. Llevaba bigote, y sus pómulos sobresalientes hacían que su rostro pareciera aún más enérgico Una cerviz de toro le ceñía la cabeza, de la que colgaba sobre anchas espaldas una ensortijada melena negra».

Nikolaus Modrussa

Xilografía incluida en *Dracole Wayda*, editada por Mathias Hupfuff, Estrasburgo, 1500.

EL DIABLO ENFURECIDO

«Mata o no vivirás para contarlo», debió de aconsejarle el diablo a Vlad Draculea aquel domingo de Pascua.

Los gritos y las suplicas de los empalados se extendieron como una sombra invisible durante días por toda la ciudadela.

En aquellas jornadas de locura y terror, el color azul de cielo se tornó en un vago recuerdo, un espejismo que palideció a ojos de testigos, soldados y verdugos, sintiéndose el calor del sol muy lejos, mucho más allá de lo habitual, en algún punto impreciso del horizonte.

Los habitantes de Târgovişte tuvieron que convivir con la martirizante presencia de los empalados a escasas varas de distancia de las puertas de sus casas hasta que, perezosamente, se impuso el estertor de la muerte y, con este, el hedor y el silencio de los muertos, de los enemigos que jamás volverían a serlo, sus demacrados cuerpos a la vista de todos, al desgaste de los elementos, hombres, mujeres, jóvenes y mayores, todos despojados por igual de sus nombres y de la luz de sus rostros, mientras los cuervos, bandadas de ellos, daban buena cuenta de sus ojos, con la venia de Dios, el diablo y la dama de la guadaña.

¿Fue consumada al fin la vieja *vendetta* de Vlad Draculea? ¿Quedó completamente satisfecho el caudillo diablo o, quizá, habiendo llegado hasta aquel extremo, le fue imposible desprenderse —hasta el día de su temprana y supuesta muerte— del odio que había incubado en su corazón durante tantos y tantos años?

No hay duda de que Vlad Draculea fue muy consciente entonces, como hombre cultivado e inteligente, de que su capacidad de determinación no conocía límites.

Dragón hasta la sepultura, aquellas jornadas malditas el voivoda se quitó un enorme peso de encima.

Tal vez descubriese que, además, era capaz de disfrutarlo, de aceptar hasta las últimas consecuencias que aquel innombrable modo de gobernar era ley de vida, el mal necesario, la voluntad de Dios, el pan de cada día en un despiadado mundo medieval que no creía en las medias verdades, como si de alguna forma el diablo que poseía el alma del voivoda hubiese encontrado su hueco en el infierno.

Después de aquello, el Consejo de boyardos quedó tocado para siempre y Vlad Draculea se graduó como el único e indiscutible líder al frente de su país.

Ahora todo súbdito de Valaquia sabía quién mandaba. Y parece ser que más allá de las fronteras del principado también; al menos, en ciertas partes de Transilvania.

Como bien había previsto el voivoda, diferentes versiones de la matanza se extendieron hacia los cuatro puntos cardinales, a cual más detallada y perversa.

Los propios habitantes de Târgovişte fueron los primeros en abrir la veda de la imaginación, por lo que las noticias del brutal suceso y de la «explícita» situación política del principado no se hicieron de rogar para alcanzar tierras transilvanas.

El resquemor y el malestar habían ido *in crescendo* entre las ciudadelas sajonas desde que Vlad Draculea volviera a las andadas en materia económica. Durante todo este tiempo, los nobles de la ciudadela de Braşov se habían confabulado para retomar sus antiguos planes de derrocar al voivoda valaco y se hallaban nuevamente en tratos con su protegido —y aspirante al trono—, Dan III.

Sin embargo, el mazazo de tan concluyentes noticias procedentes del principado valaco cayó como un jarro de agua helada sobre las ambiciones de los nobles transilvanos, que, para más inri, vieron ahora seriamente mermadas sus posibilidades de éxito al haber perdido terminantemente los potenciales apoyos que hubiesen podido reclutar entre los miembros de las numerosas familias boyardas que nunca habían simpatizado con el proceder del voivoda.

A tenor de lo sucedido, con el recuerdo de carnicerías pasadas aún fresco en la memoria, las ciudadelas sajonas recularon rápidamente en sus propósitos e intentaron llegar a un acuerdo de paz con el voivoda antes de que el asunto fuese a mayores.

Pero el caudillo diablo, que ya andaba con la mosca tras la oreja, no estuvo por la labor. Ni siquiera accedió a reunirse con la comitiva encargada de realizar las negociaciones.

Cincuenta y cinco estacas de punta roma hablaron por él ante los cincuenta y cinco componentes de la comitiva que viajó a Târgovişte con intenciones de llegar a un acuerdo. Los emisarios tuvieron que convivir durante su estancia en la capital con la permanente estampa de tan turbador espectáculo y el temor de ser empalados en cualquier momento. Al final, todos salvaron la vida y se marcharon aterrorizados por donde habían venido.

El diablo llamado Vlad ya lo tenía decidido.

En la oscuridad de la noche, como un príncipe de las tinieblas, Vlad Draculea se desplazó hacia tierras transilvanas a la cabeza de un nutrido contingente de soldados.

De nuevo, quemó, saqueó, empaló y capturó a cuantiosos prisioneros imponiendo su particular ley del terror. Aldeas y campos enteros fueron arrasados y el cielo nocturno se tiñó de negro sobre negro en las proximidades de la ciudadela fortificada de Brașov, donde se concentraron la mayoría de los ataques.

En la capilla de San Jacobo, a la vista de toda la ciudadela, el caudillo diablo hizo empalar a un buen número de prisioneros, naturalmente, sin hacer distinciones por género, raza, casta o edad, como él solía. Durante días y noches interminables, los habitantes de Brașov no perdieron detalle de la dantesca escena. Vlad Draculea ni siquiera se privó de saquear la iglesia de San Bartolomé antes de dejarla en llamas.

Mencionan algunas leyendas germanas que, en el fragor de aquella campaña de caos y destrucción, el voivoda valaco desayunó por primera vez entre los empalados adoptando la vampiresca costumbre de mojar pan en la sangre de sus víctimas.

Si cuatro siglos y varias décadas después le hubieran preguntado al escritor irlandés Abraham Stoker sobre la veracidad histórica de dicho episodio, este, con toda probabilidad, no solo habría respondido afirmativamente, sino que, amparado en su desbordante imaginación, habría añadido que fue así, y no de otro modo, como, en aras de las enseñanzas recibidas por Vlad Draculea en la escuela de Scholomance, debieron transcurrir los hechos.

Efectivamente, el alma guerrera del voivoda disfrutó enormemente con la experiencia. Con el tiempo, el campo de batalla se había convertido para él en un segundo hogar.

Pero, de nuevo, lo único que sabemos a buen seguro es que, obviando «notas a pie de página» tan interesantes como malintencionadas, cuya única función en aquellos momentos consistió en fomentar el morbo y la desinformación con el fin de apropiarse de la trama principal, Vlad Draculea consiguió entonces llevar a cabo, con notable éxito además, el que había sido su propósito desde el principio: que su imagen de líder emergente continuase incólume, nítida y belicosamente presente en el pensamiento de sus enemigos.

Y como tal ejerció, como el líder que se esperaba que fuese: un líder sólido, capaz de responder con la violencia acorde a una provocación de idéntico calibre.

¿Fue Vlad Draculea, acaso, mucho más cruel que Enrique VIII, rey de Inglaterra, medio siglo después, cuando ordenó la ejecución por ahorcamiento de centenares y centenares de rebeldes que se habían opuesto a su reforma religiosa —los cadáveres de familias enteras abigarrando campos y colinas de un verde intenso— con la excusa de dar un castigo ejemplar tras haberse autoproclamado jefe supremo de la nueva Iglesia en el reino de Inglaterra?

Por duro que parezca, aquella rebelión fue finalmente aplacada: apenas una pizca de compasión, un perdón de más, y el monarca inglés hubiese apostado la Corona de sus amores a que sus compatriotas se lo habrían comido vivo.

Curtido en estas lindes, el caudillo diablo tenía bien aprendida la lección. Sabía que no podía descuidarse un solo instante. Sabía que, en aquel escenario de asesinos, ricachones y poderosos, solo la vida y la muerte tenían los papeles protagonistas.

Prueba de ello es que, ya por entonces, había empezado a no ser demasiado benevolente con aquellos subordinados que no cumplían con las expectativas, como quedó demostrado con el episodio —acontecido en aquella misma sangrienta campaña de Brașov— en el que ordenó empalar a uno de sus mejores capitanes cuya culpa fue la de haber fracasado en el asedio de una pequeña villa, llamada Codlea, situada al noroeste de la citada ciudadela.

Para entender con rigor la manera de proceder de Vlad Draculea, debemos meternos en su piel, saborear su día a día y envolvernos en la incipiente madurez intelectual y bélica de un príncipe guerrero con fuego en las venas.

Precisamente en esta época fue cuando el voivoda valaco empezó a sentir cómo el poder crecía y crecía sin cesar a su alrededor, concentrándose de forma explícita en torno a su temible persona.

Su ejército era cada vez más numeroso y letal.

Al fin había acabado con la amenaza de las familias boyardas más influyentes, y los nuevos nobles que habían surgido para llenar el hueco dejado eran meras marionetas en sus manos. Miles de hombres, soldados o no, lo respetaban por su reconocida valentía al frente de sus tropas y, so pena de muerte, obedecían sin rechistar sus órdenes forjadas con voluntad de hierro. Por centenares se contaban sus sirvientes; por docenas, sus amantes y concubinas. Y cada día aumentaban sus riquezas y sus propiedades por todo el país.

Con esfuerzo y un tesón temerario, Vlad Draculea se estaba convirtiendo por derecho pleno en un consolidado gobernante muy a tener en cuenta por aliados y enemigos. A pulso se estaba ganando el puesto. Y lo mejor de todo: empezaba a comprobar que era temido y respetado tanto dentro como fuera de su pequeño país.

Su «ascenso» a los infiernos era, en una palabra, imparable.

Las crónicas alemanas, como ya hemos tenido oportunidad de comprobar, pronto harían de él un ser casi demoníaco, un malvado de folletín, un príncipe maldito que hacía de la sed de crueldad su mayor acto de fe y del amor a la destrucción su más grato oficio.

Tiempo atrás, mucho antes de la matanza del Domingo de Resurrección, habían empezado a circular historias sobre él, leyendas a media luz y cuentos que las madres y las abuelas de Transilvania contaban a sus hijos y nietos al dictado del miedo.

Así pues, Vlad Draculea se encontraba en el lugar que él justo quería y para nada era desconocedor de ello. Estaba más cerca que nunca de conseguir el grado de autoridad que siempre había deseado y, por momentos, su orgullo y su confianza en sí mismo empezaban a alcanzar cotas hasta ahora únicamente soñadas, nunca conocidas.

¡Cuántas veces recordaría el caudillo diablo con ironía aquella aguada victoria que años atrás embrujó durante semanas las ilusiones de un muchacho: aquel joven dragón, aquel aprendiz de gobernante guerrero recién liberado por el Imperio otomano, aquel hombre en ciernes que una vez se creyó con derecho a liderar un país!

A un tiempo, no hay que olvidar que la presión a la que estaba sometido Vlad Draculea en aquellos momentos era brutal. Tenía demasiados frentes en los que pensar. Vivía en constante vigilia. Ni podía ni quería dormir bien. Jamás descansaba realmente y su mente no conocía un minuto de descanso.

Suya era la soledad del gobernante mientras su poder aumentaba conforme también crecía su responsabilidad.

Como si se tratase de sus mejores armas, su inteligencia, su actividad frenética y su habilidad para adelantarse a las intrigas de sus potenciales enemigos eran las únicas razones que le separaban de una muerte segura y en extremo violenta.

Vlad Draculea estaba comprobando en su piel, al igual que sus predecesores en el cargo, que ser voivoda en Valaquia implicaba mucho más que limitarse a recaudar impuestos, decretar leyes, fortalecer el orden establecido y lidiar con sajones, musulmanes y boyardos. Por ello, cada vez con mayor frecuencia, el diablo llamado Vlad no se lo pensaba dos veces a la hora de empalar o ejecutar si el fin era mantener bien engrasada la maquinaria del Estado.

Conocedor como era de la ley salvaje que imperaba en la tierra que pisaba, sabía que no podía permitirse el lujo de dar un paso en falso. Cayese quien cayese. Matar o morir, le recordó su *alter ego* en más de una ocasión.

Pero también era ambicioso.

No había olvidado su antigua «deuda» para con el Imperio otomano, al que había continuado pagando religiosamente el tributo desde que accediese al trono en el año 1456, aunque su actitud había variado ligeramente a principios del presente, fecha en la que había comenzado a darle largas a las diferentes comitivas enviadas por Mehmed II, para así ir ganando tiempo y continuar manteniendo, ya a su modo, las formas.

En verdad, el voivoda valaco tenía su orgullo, pero su verdadero plan seguía en marcha. David contra Goliat.

Eso significaba que necesitaba cubrirse bien las espaldas. Con este fin último había ordenado la reconstrucción de la fortaleza de Poenari en los montes transilvanos meridionales.

Era su plan B, por si todo fallaba. Una fortaleza ubicada en un lugar estratégico que ofrecía múltiples rutas de escapada. Un nido de águilas con el espacio justo para albergar un contingente de apenas trescientos soldados, pero con unos muros de tres metros de grosor que se elevaban orgullosos como una prolongación más de la cima de una de las muchas y escarpadas montañas que florecían y se arracimaban junto al río Argeş. Una fortaleza desalentadora para el sitiador, situada a más de mil escalones de su base, una nueva ciudadela dacia de Sarmizegetusa, donde Vlad, como un nuevo Decébalo, esperaría inmisericorde a sus enemigos. Un refugio casi inexpugnable ante el que era prácticamente imposible un ataque frontal. Entonces, ahora y siempre: una nueva oportunidad.

Por este motivo precisamente —el testimonio instituido en piedra de que Vlad Draculea poseyese la habilidad de anticiparse a la peor de las situaciones, de que en un ejercicio ininterrumpido de claridad tanto intelectual como bélica y política no descartase, nublado por las excelsitudes del poder, dicha posibilidad, quizá porque, en el fondo, fue consciente en todo momento de la dificultad y la magnitud de la empresa a la que se enfrentaba— se confirma que la política iniciada por el voivoda en Valaquia ya no tenía marcha atrás.

El diablo llamado Vlad había elegido.

RENACIMIENTO

Finalizada la campaña de Brașov y alrededores, fiel a su vena patriótica, Vlad Draculea se dedicó en cuerpo y alma a consolidar el gobierno de hierro que había concebido durante los ocho largos años de exilio que precedieron su llegada al trono de Valaquia en el año de la victoria de 1456.

En tan solo tres años, el voivoda había conseguido estabilizar un principado veleidoso por naturaleza y afianzarse de un modo definitivo como líder supremo en un territorio bajo el constante dominio de las clases nobles.

Su idea de hacer política pronto sería aplicada hasta las últimas consecuencias.

De momento, un sistema de recaudación de impuestos económicamente viable, un Estado compacto y sólido, con las cuentas saneadas y respaldado por un ejército en constante crecimiento, y un sentido de la justicia y de la economía que igualaba a todos los súbditos, dotándoles de idénticos derechos y deberes, indistintamente del estatus social al que perteneciesen, eran la prueba de su éxito.

Vlad Draculea había empezado a lograr que cada súbdito valaco se implicase de una forma u otra en el devenir del principado a fin de construir una Valaquia muy distinta de la que había heredado de sus predecesores: una Valaquia destinada a grandes cosas, una Valaquia sin medias tintas, donde todos los estamentos de la sociedad jugarían un papel fundamental en su independencia, un bloque indivisible que, liderado por la figura suprema del voivoda, ya empezaba a reclamar su espacio en el terreno político del este de Europa y a lanzar su primer desafío al conjunto de principados, reinos e imperios vecinos.

Desde su llegada al voivodato, Vlad Draculea había enriquecido a mucha gente, y ahora una buena parte de sus súbditos se beneficiaba de una mayor actividad comercial en la zona, así como de una ventajosa política de impuestos dispuesta a sangrar a los mercaderes extranjeros y a favorecer la movilidad de los productos nacionales.

Por ello, a medida que crecía el odio hacia el caudillo diablo, también aumentaba su popularidad entre un número creciente de súbditos y partidarios. Los mercaderes locales valacos se habían acostumbrado a distribuir mercancías cuyas ganancias les habían estado vetadas desde antiguo, como, por ejemplo, armas y telas. Había florecido, a la par, el comercio de sal, cereales, vino y miel, que eran productos típicos valacos, así como la venta de leche, pescado y la carne de calidad.

En consecuencia, habían empezado a prosperar ciudadelas como Târgovişte, Câmpulung y Chilia, y aldeas como Bucarest —Bucureşti, la ciudad de la alegría—, siendo esta última una prueba más del agudizado olfato comercial y sentido de la estrategia del voivoda valaco para crear, prácticamente de la nada, una ciudad que con el tiempo se convertiría en una de las más prósperas de Europa, pese a estar ubicada en un país profundamente rural compuesto por cerca de tres mil asentamientos dispuestos en feudos.

Nuevas oportunidades parecían surgir en el horizonte existencial de los valacos.

Incluso los jóvenes más aguerridos tenían cabida en el nuevo régimen, pues se les ofrecía la oportunidad, muy codiciada en la época, de ingresar en el ejército del voivoda y cobrar un buen sueldo.

Ciertamente, la proyección política de los nuevos nobles era prácticamente nula, apenas participaban en las decisiones de Estado y tampoco eran muy bien recibidos en las dependencias del voivoda en Târgovişte si no era para escuchar, aprender y acatar las órdenes debidas; con todo, estos eran cada vez más ricos, por lo que no tenían demasiado interés en expresar sus quejas en público.

En efecto, lo indiscutiblemente revolucionario del mandato de Vlad Draculea radicaba en que en la «nueva Valaquia» no se hacía distinción entre las diferentes castas sociales. Los orígenes de cada hombre no suponían impedimento o ventaja alguna para ocupar un puesto de responsabilidad en la estructura del Estado o, en su defecto, sumarse con un mínimo de dignidad al engranaje del mismo. Comenzó a extenderse la creencia de que todo súbdito tenía una oportunidad de prosperar en la vida debido a que ahora el pueblo y sus gentes percibían la presencia de un Estado real, tangible, que velaba por sus intereses como súbditos valacos.

El diablo llamado Vlad quería a gente dispuesta a dar su vida por él y por su Estado.

Y lo estaba consiguiendo.

Bien es verdad que la calidad de vida en el principado había mejorado sensiblemente desde la llegada de Vlad Draculea al poder, pero aún quedaban muchos cabos sueltos, y el voivoda, lejos todavía de quedar satisfecho, estaba dispuesto a reconsiderarlos uno por uno.

Valaquia sería sometida a una severa política de reconstrucción y «limpieza». Cada eslabón del entramado social, judicial, bélico y logístico del territorio sería revisado exhaustivamente a fin de garantizar el correcto funcionamiento de la maquinaria del Estado, aquel que el voivoda valaco tenía en mente.

Para ello, a Vlad Draculea no se le ocurrió mejor modo de empezar a rematar sus numerosas innovaciones políticas que dar ejemplo de nuevo con las clases nobles. El plan consistía en zanjar al fin una idea que llevaba rondándole la cabeza al voivoda valaco desde que sacara a la luz el odio acumulado durante años en la festividad de aquel decisivo Domingo de Resurrección y matanza. Tras las ejecuciones de aquel día, habían bastado algunas semanas para que Vlad Draculea comprendiese que no era suficiente con haber acabado con la influencia de las familias boyardas más poderosas. Había culminado su venganza, sí, pero nada más.

El hecho de que la nueva nobleza no albergase, en apariencia, la ambición necesaria para plantar cara a su persona tampoco pareció calmar la sed al dragón.

Si bien la situación era insólita en la historia del principado, el caudillo diablo dio un paso más al frente para que la excepción histórica se convirtiese en la norma.

Su norma.

Su grito a los cuatro vientos.

La regla que supondría la sumisión sin subterfugios de una arcaica clase dirigente. La regla que consolidaría públicamente la figura del voivoda como la máxima expresión del poder.

Con ese fin, Vlad Draculea impuso oficialmente la

norma de que todo habitante de Valaquia le debía sumisión y obediencia.

En suma, pese a que el decreto contradecía abiertamente la que había sido la tradición del principado desde sus inicios feudales, la nueva ley significaba que los nobles valacos no solo no debían ser considerados iguales al voivoda como figura política, sino que además ya no estaban por encima de la ley.

En adelante, si cometiesen alguna falta o delito, serían juzgados ante la justicia como cualquier otro súbdito del principado, no importaría su estatus.

La norma no tenía precedentes. Aunque tampoco, al menos de un modo público y notorio, hubo objeciones al decreto. Desde el primer súbdito hasta el último, todas las capas sociales parecieron haber captado el mensaje.

Probablemente ninguno de los quinientos mil habitantes con que contaba el principado por entonces fuese verdaderamente consciente del auténtico alcance de aquel decreto, pero para el caudillo diablo la promulgación de aquella ley implicaba que, a partir de ese momento, todos los súbditos de Valaquia, sin excepción, desde las escarpadas montañas de Transilvania hasta las boscosas orillas del Danubio, eran, a sus ojos grises, soldados potenciales de una guerra en perspectiva, una guerra que llevaba años incendiando el ánimo del voivoda, protagonizando sus mejores pesadillas.

Una guerra que ligaría las vidas singulares de todo un pueblo entregado al destino común de un país.

Su país.

El siguiente paso en la lista de actividades consistió en fortificar el principado y reforzar sus fronteras.

Hasta la llegada de Vlad Draculea, la capital, Târgovişte, había estado defendida por poco más que una simple empalizada, un foso defensivo y una discreta guarnición de soldados.

En cuanto la economía del principado se lo permitió, el voivoda valaco no reparó en gastos para subsanar lo que había considerado un grave error por parte de sus predecesores, la mayoría asesinados en las típicas luchas internas por el poder. Contrató, pues, a los mejores arquitectos y maestros de obras, y, una vez analizados los puntos flacos, reconstruyó el castillo de la capital transformándolo en un auténtico fortín.

Añadió una impresionante torre vigía circular de más de veinte metros de altura y vastas murallas de más de metro y medio de grosor precedidas por generosas barreras defensivas. Construyó también numerosas galerías subterráneas, amplios sótanos para almacenar víveres y armas, así como pasadizos secretos que pudieran facilitarle una rápida huida en caso de necesidad.

Iniciadas las obras en la capital, el voivoda puso especial interés en el sur del principado. Si la inexpugnable fortaleza de Poenari, junto al río Argeş, estratégicamente ubicada entre las escarpadas montañas a medio camino entre tierras valacas y tierras transilvanas, era su as bajo la manga, la aldea de Bucarest, ubicada, en cambio, en el extremo sur del principado y acorralada por un entramado de lagos e inmensos bosques, se convertiría en su primera avanzadilla para plantarle cara a las fauces del Imperio otomano en los límites del río Danubio.

A tal fin ordenó construir el voivoda una fortaleza conocida como Curtea Veche —Corte Vieja—, y, a partir de entonces —corría aún el año de 1459—, Bucarest quedó oficialmente fundada como villa.

Fortaleza Curtea Veche, en Bucarest.

Ayudó a la consolidación de la incipiente ciudad la circunstancia de que por esta época el voivoda empezase a vivir intermitentemente entre Târgovişte y Bucarest. Vlad Draculea se trasladaba de una población a otra según qué temporadas, pero nunca de forma previsible y rutinaria, siempre a destiempo, con premeditada improvisación. Precavido, malpensado como era, como debía serlo en realidad si aspiraba a conservar el voivodato, el caudillo diablo nunca fue dado a ofrecer un blanco fácil a sus enemigos. Se sabe a ciencia cierta que había empezado a recelar de la población de Târgovişte, ya que de forma constante lo asaltaban sospechas de posibles conspiraciones contra él, y no sin razón.

Es evidente que el caudillo diablo estaba cada vez más obsesionado con el poder y su propia seguridad.

A su juicio, todo debía quedar bien sujeto y amarrado.

Por estas y muchas otras razones, apoyándose en la máxima de que todos los súbditos de Valaquia le debían sometimiento, decidió estrechar lazos con la Iglesia ortodoxa, pues sabía que aquella relación vendría acompañada de cuantiosas ventajas desde un punto de vista estratégico, político y, sobre todo, militar.

No es de extrañar la apuesta del voivoda, ya que existen varios manuscritos —hallados en la basílica de Strejnicul, cerca de Ploiești, en el año 1922— que dan fe de la personalidad profundamente religiosa de Vlad Draculea. Pero este, diablo hasta la sepultura, no era de los que se contentaban con rezar y acudir al templo. El voivoda fortificó conventos y concedió a la Iglesia ortodoxa tierras y propiedades que con anterioridad habían sido expropiadas a los boyardos.

Su fin estaba bien claro: asegurarse el apoyo sin condiciones de los religiosos y, a un tiempo, sumar a su ejército la logística de los conventos fortificados en caso de fuerza mayor, o sea, en futuros periodos de guerra; la guerra que algún día, más pronto que tarde, volvería a dejar su huella en tierras valacas. Con inteligencia, el caudillo diablo no solo convirtió a la Iglesia ortodoxa en su aliada, sino que le otorgó las funciones típicas de un cuerpo militar.

Ahora Valaquia sí que estaba sometida por entero a la disciplina de su gobierno de hierro.

Otra de las grandes preocupaciones del voivoda consistió en hacer de Valaquia un principado libre de delitos y de miseria.

De hecho, aumentó las penas y creó numerosas patrullas de soldados encargadas de mantener el orden en las poblaciones y de peinar los bosques y los caminos de bandoleros para asegurar el tránsito de personas y de mercancías dentro del territorio nacional. Los maleantes, una vez detenidos, eran empalados, ahorcados o incluso desmembrados, y sus cadáveres, expuestos en público, mayormente en los cruces de los caminos, para dar ejemplo.

Como por ensalmo, los delitos empezaron a descender en picado.

Una narración popular de la época cuenta que en cierta ocasión un rico comerciante húngaro, que se encontraba de paso en Târgovişte, acudió al voivoda en busca de protección para sus bienes y mercancías. Vlad Draculea no solo aseguró al comerciante que sus posesiones estarían bien seguras en cualquier calle o plaza de la capital, sino que además ofreció al extranjero la posibilidad de pasar la noche en la comodidad de las dependencias de palacio. A la mañana siguiente, el comerciante denunció ante el voivoda el robo de ciento sesenta ducados. Vlad Draculea prometió que se haría justicia y, al cabo de unos días, el ladrón fue apresado y empalado. El dinero substraído pudo ser recuperado en su totalidad, pero, he aquí la enjundia del relato, el voivoda quiso poner a prueba la honradez del mercader y ordenó a su tesorero que se le reintegrara al «buen hombre» la cantidad robada más un ducado extra. En total, serían ciento sesenta y un ducados. Ajeno a la maniobra, el comerciante húngaro se presentó en palacio a primera hora del día siguiente para dar las gracias por la ayuda recibida e informar al voivoda de que por equivocación se le había reembolsado un ducado de más. Cuál fue su sorpresa cuando el propio voivoda le comunicó que acababa de salvar la vida y que no habría vacilado un instante para ordenar que lo empalaran junto al malogrado ladrón si hubiese tomado la decisión de marcharse de la capital sin informar del hecho.

Otra historia narra cómo el voivoda ordenó a varios miembros de un clan de etnia gitana que se encargasen ellos mismos de hacer justicia con uno de los suyos. El reo, acusado de robo, había sido condenado a muerte por ahorcamiento. Sin embargo, los gitanos se negaron a cumplir la voluntad del voivoda, alegando que sus leyes lo prohibían. La solución del caudillo diablo fue tan espontánea como categórica: hirvió vivo al ladrón en una gran olla y obligó a sus compañeros a comérselo.

Este último episodio nos ofrece una idea bastante ilustrativa acerca del grado de compromiso y entrega que Vlad Draculea podía llegar a exigir a sus súbditos. No obstante, no se lo pensaría dos veces para volver a cruzar los límites de lo humanamente exigible.

Con la convicción de que los pobres y los mendigos también eran una carga para el país, pues no producían riqueza y consumían parte de la que generaban las gentes de bien, el voivoda procedió a la eliminación sistemática de esta clase social.

Fueron varias las historias que circularon en torno a este tema. Ciertas o no, ahí están.

Una de ellas, tal vez la más conocida, cuenta que un

buen día el voivoda difundió por todo el principado el rumor de que aquellos súbditos que estuviesen pasando necesidades económicas acudiesen a él y serían gratamente recompensados. En un recinto próximo al palacio de Târgovişte, se celebró un gran banquete para recibir al ingente número de pobres, desheredados y vagabundos que decidieron acudir a la cita. A semejanza con lo ocurrido en la matanza de los nobles boyardos durante la festividad del Domingo de Resurrección, todos los comensales disfrutaban de una jornada extraordinaria, espléndida en manjares y bebidas, sazonada con abundantes risas y muestras de alegría, cuando el voivoda apareció de repente entre los presentes asegurándoles que les deseaba la mayor de las felicidades. Inmediatamente a continuación, ordenó a sus soldados que bloqueasen todas las salidas del recinto para, acto seguido, incendiarlo por los cuatro costados.

Nadie escapó con vida de allí.

A medida que el voivoda iba imponiendo su código del dragón en todo el país, eso sí, sin menospreciar ningún estrato de la cadena social, su ejército seguía creciendo y creciendo para respaldar sus incisivas y tajantes reformas.

Vlad Draculea nunca dejó de contratar a multitud de mercenarios, maestros de armas y profesionales del sector, que fue incorporando a su cada vez más modernizado ejército conforme también adquiría los últimos avances en equipo y armamento militar, como, por ejemplo, los primeros cañones.

Según el historiador griego Chalcocondylas, contemporáneo de Vlad Draculea, muchas de las riquezas y propiedades que habían sido expropiadas a los nobles boyardos fueron a parar a manos de soldados y mercenarios de la guardia personal del voivoda. Este podría haber potenciado así la confianza depositada en sus hombres, de los cuales, al igual que solía hacer con sus partidarios, nombraba a los gobernadores encargados de controlar las diferentes regiones que configuraban el principado.

De este modo, quedó bien amarrado un gobierno de hierro basado en la disciplina y la subordinación al Estado, un gobierno que no entendía de linajes, de nobleza o de plebeyos, sino de soldados pura y llanamente; todos iguales; todos al servicio de una única ley, una única religión y un único dios verdadero: el soberano.

Muy pronto, Valaquia —tierra de encrucijadas, tierra de sangre y de puñaladas— volvería a ser fiel a su historia. Vlad Draculea jamás lo dudó un solo instante. Pero todavía tendría el caudillo diablo que volver a saldar cuentas en tierras transilvanas antes de enfrentarse al destino que él mismo habría de propiciar con la valentía, la ambición y la frialdad típicas de un gobernante guerrero que acostumbraba a menospreciar el alcance de palabras como *miedo*, *perdón*, *olvido* o *mediocridad*, un príncipe demonio que estaba dispuesto a obtener la guerra que se le debía, la guerra que, para bien o para mal, tatuaría su nombre en los libros de historia y en la memoria de un gran Imperio, el otomano, cuya mera sombra hacía temblar a los monarcas más poderosos de la vieja Europa.

Venganza sobre venganza, odio sobre odio, la suerte ya estaba echada sobre el tablero.

EL BOSQUE DEL FIN DEL MUNDO

«A la tercera va la vencida» debieron pensar en marzo de 1460 los tercos e imprudentes nobles sajones de la ciudadela de Braşov y su eterno candidato al trono de Valaquia, Dan III, cuando este —con la aprobación del rey de Hungría, Matías Corvino, antiguo aliado de Vlad Draculea, que consideró que en este caso debía lavarse las manos— se adentró en territorio valaco a la cabeza de un considerable contingente de soldados —compuesto principalmente por transilvanos y valacos que se habían visto obligados a dejar atrás su país natal por divergencias políticas con el actual régimen— con intención de desbancar definitivamente a Vlad Draculea del gobierno del principado.

Lejos de alarmarse al conocer la noticia por boca de sus espías, el dragón con alma de diablo se congratuló al confirmar sus sospechas y dibujó en su rostro una amplia y maliciosa sonrisa para dar la bienvenida al reto que el destino, una vez más, le regalaba.

Ebrio de acción, marchó con su renovado ejército al encuentro de las tropas invasoras. La batalla fue salvaje. El voivoda luchó con valentía, codo a codo con sus hombres, luciéndose en el manejo del arco y la espada, causando innumerables bajas entre las huestes enemigas. Al cabo, la supremacía bélica de su modernizado ejército no tardó en imponerse. Dan III fue vencido con contundencia y apresado. Tras lo cual, por orden expresa de Vlad Draculea, el candidato de los sajones de la ciudadela de Braşov fue obligado a asistir a la ceremonia de su propio funeral y a cavar la que se convertiría en su tumba tras ser fulminantemente decapitado, descuartizado y enterrado junto al resto de su séquito.

Un mes más tarde, Vlad Draculea hizo honor al alma vengativa que guiaba sus actos y llegaron las inevitables represalias.

En esta ocasión la intención del voivoda consistió en dejar zanjado el tema para siempre.

Con la noche como estandarte, el ejército del voivoda cruzó de nuevo el paso Predeal y, la violencia como premisa, el odio en ristre, se adentró en la región de Braşov saqueando y quemando aldeas y campos, empalando a todo ser viviente que tuviese la osadía de cruzarse en su camino: «el camino del Empalador».

Un interminable bosque esculpido en carne y estacas fue creciendo de la nada al trote de las tropas del voivoda. Los llantos, los gritos de dolor, de desesperación y de auxilio de miles de almas que experimentaban cómo la muerte les perforaba lenta y obscenamente las entrañas, se extendieron por toda la región a medida que aumentaba la presencia de lobos, perros salvajes, osos pardos, roedores, alimañas, enjambres de insectos carroñeros y bandadas de cuervos que acudían a la llamada de la sangre fácil.

Durante semanas el caos y el horror más absolutos volvieron a cobrar vida ante la mirada impotente de los habitantes de Braşov, así como de los escasos nobles y pueblerinos que consiguieron llegar a tiempo para refugiarse entre sus murallas.

La ciudadela fue asediada día y noche por las aleccionadas huestes del voivoda.

Braşov, no obstante, tenía a su favor en aquellos tiempos el ser una de las ciudadelas mejor fortificadas de la Europa medieval, razón por la que sus habitantes pudieron neutralizar, aunque no sin cierta perseverancia, arrojo, ingenio y un número indecente de bajas, los constantes envites de la recién estrenada artillería valaca.

El obstinado voivoda no se dio por vencido y, a mediados del verano, asaltó y saqueó las ciudadelas de Amlas y Făgăraş. Nadie quedó vivo para contarlo. No se tomaron prisioneros y tampoco quedó en pie ninguna vivienda o hacienda que no hubiese sido devorada por la rabia de las llamas. Ni siquiera los cultivos y el ganado escaparon de la violencia destructora de las tropas del voivoda.

Vlad Draculea arrasó literalmente ambas poblaciones.

Varias fuentes coinciden en que cerca de veinte mil personas perdieron la vida en aquellas sangrientas ofensivas. Las crónicas alemanas de la época relatan cómo muchos hombres y mujeres fueron descuartizados, y sus miembros, empalados individualmente. Y cómo hubo quienes sufrieron peor suerte, ya que, antes de acabar empalados, fueron desollados vivos por las plantas de los pies para que rebaños de animales de pastoreo, como cabras y ovejas, les lamiesen las heridas y el dolor fuese insoportable.

Se trataba del reinado del Empalador, de un acto de autoafirmación, de mandar un mensaje lo más explícito posible, acorde con la osadía del remitente.

La fama del diablo llamado Vlad alcanzó niveles desconocidos hasta entonces, y el voivoda valaco se tatuó para siempre, a sangre y fuego, el apelativo de Tepes: el sobrenombre digno de un demonio hecho a sí mismo, con alevosía, en cuyas imperdonables acciones se adivinaba la convicción, la maldad y la voluntad necesarias para agigantar hasta lo imposible su leyenda negra.

«Los malos hábitos nunca mueren», pensaría para sí con flagrante ironía el caudillo diablo cuando, en el otoño de aquel mismo año, volvió a firmar un acuerdo de paz con los nobles de Braşov al que se unieron el resto de las ciudadelas sajonas y los llamados *szekler*—colonos procedentes de Asia central, aliados del reino de Hungría, que se habían establecido en el sudeste de Transilvania—, donde todas las partes se comprometieron a ayudarse mutuamente en caso de guerra.

Vlad Draculea sabía muy bien que la noticia de aquel gran pacto no tardaría demasiado en llegar a los oídos adecuados.

Fue entonces, tal y como el caudillo diablo había previsto que sucedería largo tiempo atrás, cuando el orgullo de un sultán comenzó a removerse inquieto en el sur…

LA SOMBRA TURCA

> «Pólemos [la guerra] es el padre de todas las cosas y el rey de todas, y a unos los revela dioses, a los otros hombres, a los unos los hace libres, a los otros esclavos».
>
> Heráclito de Éfeso

Vlad Draculea, diablo entre diablos, llevaba algún tiempo buscándole las cosquillas al Imperio otomano.

Desde principios de 1459 había estado dándole largas al sultán Mehmed II para cumplir con su declaración de vasallaje iniciada en el año de la victoria de 1456. La negativa del voivoda se confirmó a mediados de 1461 cuando llegó a Valaquia una comitiva especial enviada por Mehmed II para cobrar el tributo de diez mil monedas de oro convenido, más los intereses de quinientos jóvenes valacos que, una vez educados en la cultura del islam, pasarían a engrosar las filas de los jenízaros, el cuerpo militar predilecto del sultán, que con el tiempo se había convertido en uno de los ejes fundamentales del ejército otomano y en una de las claves de sus numerosos éxitos en materia de conquistas.

A modo de inciso, hay que aclarar que, en palabras del historiador rumano Neagu Djuvara, ningún voivoda valaco se vio jamás en la obligación de pagar este «tributo humano».

Evidentemente, Vlad Draculea las tuvo todas consigo para negarse en redondo. Es más, desde su draconiano punto de vista, no pudo presentársele una ocasión mejor para empeorar más la situación, si cabe, de lo que ya estaba.

Muy conocido es este episodio, debido a que el voivoda no pasó por alto el detalle de que ninguno de los miembros de la comitiva del sultán se dignara a quitarse el turbante en su presencia como señal de sumisión y respeto. Ni corto ni perezoso, Vlad Draculea preguntó a los emisarios el porqué de tamaña ofensa y estos alegaron con franqueza que se trataba de una ancestral costumbre otomana que debían respetar incluso ante el mismísimo sultán.

Vlad Draculea recibiendo a los emisarios turcos. Obra pictórica de Theodor Aman.

No contento, al parecer, con la respuesta, el voivoda no dudó en ordenar a los hombres de su guardia que clavaran los turbantes a las cabezas de sus dueños con gruesos clavos de hierro. Según comentó el propio Vlad Draculea a los emisarios, aquella era su manera de sumarse a tan intolerable costumbre extranjera que, dicho sea de paso, no estaba dispuesto a permitir en su país.

Podemos deducir con total fiabilidad, dada la intensiva educación otomana que el voivoda había recibido durante su adolescencia, que él ya conocía dicha costumbre. En cierto modo, la tentación de aprovecharse de las circunstancias había sido irresistible.

ଔ

La reacción otomana se concretó algunos meses más tarde cuando el sultán Mehmed II ordenó decapitar al tío del rey Matías Corvino, Miguel Szilágyi, un veterano militar que había sido hecho prisionero al intentar reconquistar la región de Semendria, en Serbia, ocupada desde el año 1459 por los ejércitos del sultán en una aplastante demostración de dominio y poderío.

A tenor de lo sucedido, hubo un acercamiento entre Vlad Draculea y Matías Corvino en el que ambos gobernantes firmaron un acuerdo para hacer fuerza común frente a la amenaza otomana. El pacto quedó reforzado con la promesa de que el rey de Hungría entregaría en un futuro al voivoda a una de sus parientes para que la tomase como esposa.

La guerra, al menos en cuanto al caudillo diablo concernía, estaba oficialmente en marcha.

Como era de esperar, el sultán fue informado rápidamente por sus espías de las condiciones de aquella alianza y no dudó en tomar medidas. Sin tardanza, una nueva comitiva encabezada por un prestigioso secretario del sultán de origen griego, llamado Catavolinos, partió de Constantinopla —Estambul para los otomanos— hacia el principado valaco con la delicada misión de reunirse con Vlad Draculea y negociar el pago de las diez mil monedas de oro y los quinientos jóvenes varones que se debían como tributo o, en su defecto, invitar al voivoda valaco a la corte de Constantinopla para intentar retomar allí las relaciones con el sultán y llegar a un acuerdo.

Ante esta perspectiva, Vlad Draculea reiteró su negativa a aceptar el cumplimiento del vasallaje.

El enviado del sultán, que en realidad ya esperaba un no por respuesta, le propuso al voivoda que lo acompañase en su viaje de regreso hasta Giurgiu, en la frontera del Danubio, ciudadela que en el pasado había sido liberada por Vlad Draculea, pero que nuevamente había sido ocupada por las tropas del Imperio otomano. Catavolinos le aseguró a Vlad Draculea que sería bien recibido y le dio su palabra de que no sufriría daño alguno.

Todo estaba planificado: a instancias de Mehmed II, el secretario se había confabulado con un tal Hamza, gobernador de la región del Danubio, a fin de emboscar al caudillo diablo durante el camino y conducirlo a la fuerza ante la presencia del sultán.

Vlad Draculea, lobo entre lobos, se olió la trampa y se hizo acompañar inteligentemente por su escolta personal, así como de un generoso ejército.

La táctica del voivoda fue la siguiente. Dividió a sus hombres en pequeñas formaciones y les ordenó que lo siguieran utilizando diferentes rutas para no levantar sospechas. Una vez en las proximidades de la fortaleza de Giurgiu, un grupo de soldados del voivoda se adelantaría a la comitiva y, disfrazados de soldados otomanos, intentarían que se les abriesen las puertas de la fortaleza.

El plan tramado por el voivoda se cumplió a la perfección. Sus tropas lograron tomar la fortaleza mientras él y su guardia se las vieron con Catavolinos y su séquito. Hamza también fue apresado, conducido hasta Târgovişte y empalado junto al resto de los prisioneros. No en balde se le asignó un lugar de honor en el nuevo bosque de estacas, ubicando su estaca, la de mayor longitud, acorde con su rango, en la cima de un montículo.

A principios del año siguiente, Vlad Draculea tomó la iniciativa de la guerra y atravesó la orilla sur del río Danubio para atacar, saquear y quemar todas las fortalezas otomanas próximas al río hasta su desembocadura en el mar.

Salió victorioso en la mayoría de las ocasiones. Por miles se contaron los empalados y su nombre empezó a ser pronunciado con temor en lengua árabe.

Solo se salvaron de los feroces ataques de las tropas del voivoda los cristianos que vivían en la región; muchos fueron reubicados en la orilla norte del Danubio.

El 11 de febrero de 1462, en un alarde de potestad bélica, el voivoda remitió al rey Matías Corvino de Hungría una extensa misiva acompañada de dos sacos repletos de narices y orejas cortadas de las caras de sus enemigos.

Vlad el Diablo escribió:

> He matado a hombres y mujeres, a viejos y jóvenes, desde Oblucitza y Novoselo, donde el Danubio entra en el mar, hasta Samovit y Ghigen. Hemos matado a 23 884 turcos y búlgaros, sin contar aquellos a los que quemamos en sus casas, o cuyas cabezas no fueron cortadas por nuestros soldados [...]; 1350 en Novoselo, 6840 en Silistria, 343 en Orsova, 840 en Vectrem, 630 en Tutrakan, 210 en Marotim, 6414 en Giurgiu, 343 en Turnu, 410 en Sistov, 1138 en Nicópolis, 1460 en Rahovo...

El caudillo diablo estaba satisfecho de un trabajo bien hecho y quería su correspondiente leyenda negra.

Varios gobernantes más recibieron misivas parecidas, entre ellos, su primo Esteban el Grande, voivoda de Moldavia, en las que además se instaba a los Estados vecinos a unirse a su causa.

La réplica otomana no se haría esperar. La paciencia del sultán había tocado a su fin...

Representación de Esteban III de Moldavia, conocido como Esteban el Grande, primo de Vlad Draculea.

KAZIGLU BEY

En las crónicas otomanas Vlad Tepes es citado con el sobrenombre de Kaziglu Bey, «el señor Empalador».

La leyenda cuenta que la fama de Kaziglu Bey nació en las profundidades de un vasto cementerio de estacas.

La leyenda cuenta que la sombra de Kaziglu Bey no conocía fin y que la muerte era su única amante, su inseparable compañera, solo ella, la eterna parca.

La leyenda cuenta que el hogar de Kaziglu Bey no tenía nombre ni lugar, porque, solo allá donde el sufrimiento y la desolación acechasen, él podría descansar.

La leyenda cuenta que bandadas de cuervos, manadas de lobos y jaurías de perros salvajes lo seguían allá donde iba, que eran legiones de condenados y muertos vivientes las que se unían de forma constante a su diabólico ejército, huyendo de la vida.

La leyenda cuenta que la furia de Kaziglu Bey no tenía rival y que no existía hombre vivo en su sano juicio capaz de sostenerle la intención de la mirada, de soportar tanto mal.

La leyenda cuenta que los ojos de Kaziglu Bey eran del color de la ceniza, pues solo la destrucción del fuego, el rencor de sus delitos y la nada florecían a su paso, cada noche, cada día.

La leyenda cuenta que la crueldad de Kaziglu Bey no entendía de límites, que ni siquiera se detenía ante la locura, tampoco ante la esperpéntica descomposición de la carne, ya que suya era la avaricia de un diablo renegado, un diablo que traía consigo su propio infierno, un hombre cuya sinrazón no tenía cura.

La leyenda cuenta que, en cierta ocasión, el vanidoso sultán Mehmed II le guardó respeto y que, cuando fue testigo de los tormentos que el príncipe demonio atesoraba en el interior de su alma, no solo experimentó un grave estremecimiento que a punto estuvo de hacerlo caer de su montura, sino que se juró a sí mismo, en la soledad de su cargo, no vérselas nunca más con él, ni siquiera en la noche más oscura.

AIRES DE GUERRA

En el inicio del verano de 1462, un ejército compuesto por ciento cincuenta mil soldados otomanos —número que a la postre reconocería el propio Mehmed II— partió de Adrianópolis hacia tierras valacas, dispuesto a acabar con la insumisión del problemático voivoda.

La mayor parte del contingente otomano avanzó hacia el norte atravesando Bulgaria. La otra parte navegó por el Danubio: una flota compuesta por veinticinco grandes buques de guerra y ciento cincuenta embarcaciones menores. El propio Mehmed II la dirigía acompañado por Radu el Hermoso, el hermanastro de Vlad Draculea, con el firme propósito de erigirlo en el nuevo voivoda del principado valaco.

El destino de Radu el Hermoso había sido muy distinto del sufrido por su fiero hermanastro. El joven Radu había aceptado la cultura otomana desde el principio. Gracias a su corta edad, ya que apenas contaba cinco o seis años cuando fue separado de su madre Vasilissa Mușat y de su familia, el desarraigo había sido incomparablemente menos traumático que el de su hermanastro Vlad Draculea.

Radu el Hermoso creció, por consiguiente, como un otomano más y, al cabo de los años, acabó trabando una muy buena amistad con el sultán Mehmed II, hasta el punto de que, siendo todavía un niño, se convirtió en su amante preferido, pasando a formar parte de un nutrido harem compuesto en exclusiva por jóvenes de muy corta edad, adolescentes en su mayoría, con los que el depravado sultán era aficionado a realizar ciertos juegos y perversiones.

Anticipándose al panorama que se avecinaba, el caudillo diablo escribió en varias ocasiones durante los meses anteriores a su antiguo aliado el rey Matías Corvino para recordarle el pacto que ambos habían firmado tiempo atrás, pero el monarca húngaro, en apariencia ocupado en los asuntos de su país, le correspondió con vagas y sucesivas evasivas, y finalmente no acudió a su llamada. Tampoco hicieron mayor aprecio a los diferentes llamamientos del voivoda los nobles de las ciudades transilvanas.

Retrato de Radu el Hermoso, hermanastro de Vlad Draculea.

Visto lo visto, el caudillo diablo se adaptó a las circunstancias y se puso manos a la obra. Sabía que dependía de él mismo, siempre había sido así. Llevaba años esperando aquel momento. ¡Qué le importaba a él ahora la cobardía de los demás! ¡Era su guerra!

Gracias a que las ganancias cosechadas tras su impecable política económica habían saneado ampliamente las arcas del Estado, el voivoda pudo contratar a un número considerable de mercenarios y reunir un ejército nada despreciable de veinte mil hombres, al que se unieron muchos nuevos nobles y campesinos libres.

En verdad, la desventaja numérica era aplastante y, si bien el voivoda desconocía la cifra exacta del ejército al que se enfrentaba, sí sabía cómo se las gastaba Mehmed II.

Aun así, al guerrero superdotado para la vida castrense no le tembló el pulso y tampoco le flaqueó el ánimo cuando llegó el momento de alzarse sobre su montura, tomar las riendas de la misma y dirigirse con su ejército hacia la frontera sur del principado con la honrosa misión de defender con uñas y dientes cada palmo de tierra valaca, y embarcarse en la difícil y heroica tarea, cuando no utópica y tachada de imposible por los temerosos gobernantes de los reinos y principados colindantes, de impedir que el legendario ejército otomano —el más grande reunido por el sultán Mehmed II desde la toma de Constantinopla allá por el año 1453, una máquina de guerra que no tenía comparación en la época— cruzase la orilla norte del río Danubio.

CHOQUE DE FUERZAS

Vlad Draculea intuía que el ejército del sultán cruzaría el río muy cerca de la fortaleza de Turnu, frente a la ciudad de Nicópolis, de modo que hacia allí se encaminó con sus tropas.

La sorpresa fue mayúscula cuando al voivoda le llegaron noticias de que la fortaleza de Chilia, ubicada al sur de Moldavia y uno de los puertos estratégicos por excelencia de cara al comercio entre el mar Negro y Europa central, estaba siendo atacada desde el mar por una fracción de la flota otomana y desde tierra por las tropas moldavas de su primo Esteban el Grande, al que precisamente había ayudado cinco años atrás en su ascenso al trono. El voivoda se maldijo a sí mismo por no haber sido capaz de advertir antes aquella retorcida alianza y no le quedó otro remedio que dividir sus fuerzas y enviar un contingente de siete mil jinetes al rescate de la fortaleza, que en aquellos momentos estaba siendo defendida por una guarnición húngaro-valaca.

El asedio, rezan las crónicas, fue salvaje, pero la caballería valaca defendió la fortaleza con arrojo, y el primo del voivoda tuvo que decir adiós a sus viejas y secretas pretensiones de recuperar aquel valioso puerto de Chilia que años atrás había estado bajo el dominio del principado moldavo y conformarse, en cambio, con salvar el pellejo y llevarse de regreso a Suceava, la capital de Moldavia, el recuerdo implícito, hecho carne y sangre, de una lesión en el tobillo provocada por el estallido de una certera bala de cañón que a punto estuvo de costarle la vida.

Entre tanto, el diablo llamado Vlad aguardaba, apostado en Turnu, la llegada del grueso de la flota otomana.

El silencio de la noche se derramaba sobre las aguas del Danubio cuando una avanzadilla de jenízaros se deslizó río abajo y desembarcó en la orilla norte amparándose en la oscuridad. En ese momento, la avispada artillería de Vlad Draculea entró en acción y la noche se levantó en una lluvia de luces y explosiones; de exclamaciones al cielo y tajaduras sin cuartel; de gritos de dolor y rabia desmedida, y, sobre todo, de un gran desperdicio de vidas, valor y sangre, muchísima sangre.

La colosal artillería del sultán hizo lo propio y replicó al instante con vehemencia. No obstante, las tropas del voivoda presentaron cara durante toda la noche. Vlad Draculea estuvo al pie del cañón, alentando con juramentos a sus hombres, y la lucha devino en una carnicería feroz, una matanza por ambas partes.

Mehmed II observaba el fragor de la batalla desde un lugar seguro en la orilla sur del río y hubo serios momentos en que llegó a temer la inminente derrota de sus tropas de élite ante la defensa valaca intachablemente organizada. Hubo entonces una segunda carga. La caballería otomana apareció en escena acudiendo presta al socorro de los malparados jenízaros, que, cosa inédita en la historia del cuerpo, caían ya como simples moscas.

Al cabo, la superioridad numérica se impuso.

Maquinando futuras acometidas, el diablo llamado Vlad se traga su orgullo y toma una difícil decisión: poco antes del amanecer, se bate en retirada con lo que queda de sus tropas al amparo de los últimos coletazos de la noche.

INFIERNO EN LA TIERRA

«Las cosas nuevas y repentinas atemorizan a los ejércitos; las conocidas y progresivas les impresionan poco».

Maquiavelo

Empero el caudillo diablo no pierde el tiempo. Su capacidad de reacción ante cualquier contratiempo es encomiable y aflora, de nuevo, con mayor fuerza si cabe, su innata capacidad para hacerle la zancadilla al destino. En su retirada hacia el interior del principado, el voivoda se adelanta a los acontecimientos y prepara el camino al ejército otomano, que avanza inevitablemente. El diablo llamado Vlad ordena a la población que abandone sus hogares y se refugie en los bosques y en las montañas. Las instrucciones son muy precisas:

- No dejar el menor rastro de víveres y alimentos.
- Quemar las cosechas.
- Retirar el ganado y las aves de granja.
- Tapiar los pozos de agua.

La táctica tiene un nombre: «tierra quemada». El objetivo: nada útil, nada vivo, nada hermoso debe quedar para uso y disfrute de los otomanos. Solo el horror. Solo la desesperación.

El calor del verano se alía con el caudillo diablo y, a medida que el ejército otomano avanza, el paisaje se descubre cada vez más desolado; la ceniza y los rescoldos sustituyen a la tierra; aldeas enteras aparecen envueltas en el silencio, y, allí donde alcanza la vista, el cielo se ha transformado en un borrón de fuego abrasador y humo negro; la sed, la ansiedad y el cansancio cobran protagonismo y empiezan a hacer mella en las incorruptibles filas de los jenízaros; el sultán Mehmed II, que no es ciego ni sordo, que se sabe lejos de su corte y, por lo tanto, vulnerable en la frágil comodidad de su caravana imperial, empieza a tomar conciencia de la genuina dimensión del enemigo al que se enfrenta.

El país que lo recibe le da la espalda, mina su entusiasmo y le provoca pesadillas por las noches. Un país que es la consecuencia directa de una férrea política interior, la prueba por excelencia de la sumisión absoluta de un pueblo hacia su señor: centenares de miles de súbditos que temen, aman, odian y respetan a su incuestionable líder, que cumplen sus órdenes al pie de la letra, hasta rozar los límites de la irracionalidad; un pueblo que prefiere quemar su alma antes que dejarla en manos enemigas, un pueblo que, en definitiva, para bien o para mal, se ha aliado con el diablo.

Nobleza, clero, urbanistas, campesinado, ejército, todos a una, sin distinciones.

De nuevo, la política de militarización del principado planificada por Vlad Draculea recoge sus frutos.

Los jenízaros conocen el auténtico significado de la palabra *disciplina*, y, en la mente de decenas de miles de soldados enemigos, el príncipe demonio ríe en su trono de fuego. Y por primera vez en toda su confortable vida, el jefe absoluto de todo un imperio tiembla como un simple mortal más. Y con razón. Porque el diablo llamado Vlad ha demostrado que no le tiene ningún miedo.

Perfecto conocedor de la topografía valaca, el voivoda disfruta realizando continuos ataques por sorpresa que provocan el desconcierto entre las filas enemigas.

Como suele, ataca de noche, parapetado en la oscuridad y en la frondosidad de los bosques valacos, empleando sus habituales tácticas de guerrilla.

Como lobos al acecho, sus hombres localizan, emboscan y eliminan con precisión felina a cuantas patrullas otomanas parten regularmente en busca de agua, víveres y, posiblemente, noticias de aliento y algo de consuelo.

La medianoche del 17 de junio, Vlad Draculea da un paso al frente y propicia un ataque directo contra el sultán con objeto de asesinarlo y sacarse, de una vez por todas, aquella vieja espina, llaga de juventud, que tiene clavada en el odio de su corazón.

Habiendo espiado él mismo el campamento otomano, irrumpe de improviso entre los miles de tiendas sembrando el caos y la destrucción con un contingente de siete mil soldados y jinetes que, dispuestos a dar la vida por la integridad de su país, ataca desde distintos flancos, muchos de ellos portando antorchas llameantes.

El propio Vlad Draculea, ruge la leyenda, se abre paso entre la ferocidad de la batalla, espada en mano, la furia como estandarte y respaldado por su guardia personal, compuesta por los mejores hombres en el combate cuerpo a cuerpo. Su propósito no es otro que llegar a la tienda del sultán.

A punto de alcanzar su objetivo, se produce una gran batalla ante la carpa del gran visir —el equivalente al primer ministro— que se alarga durante horas y proporciona al sultán el tiempo necesario para salvar el cuello y ponerse a buen recaudo.

Mehmed II, séptimo sultán otomano de la casa de Osman.

A pesar de causar numerosas bajas entre las filas enemigas y propagar como una maldición el clima de la confusión planteado desde el inicio de la campaña, el caudillo diablo se bate finalmente en retirada con la certeza y la pesadumbre de que el segundo contendiente de valacos, que debía mermar las defensas otomanas desde el extremo opuesto del campamento, no ha tenido el éxito esperado.

Respecto a lo que sucede a continuación, surgen dos

versiones muy distintas, opuestas en realidad, para dar fe del mismo hecho histórico. Las crónicas otomanas hablan de que Mehmed II consigue reorganizar con celeridad a su mermado ejército y ordena la inmediata persecución de Vlad Draculea y los suyos.

El historiador bizantino Chalcocondylas cuenta que las milicias otomanas consiguen dar caza a sus atacantes antes de que se escabullan a través de los bosques y que, al cabo de un cruento combate, toman como prisioneros a más de mil soldados valacos que de regreso al campamento son ejecutados en presencia del sultán.

La otra versión parte de un emisario papal en Buda, Hungría, que tuvo ocasión de recopilar el testimonio de algunos soldados que participaron en aquella cruenta batalla. Estos le contaron que la matanza propiciada por Vlad Draculea en el campamento otomano había sido tal que nadie se atrevió a perseguirles, horrorizados como estaban.

Una cosa es segura: después de aquella noche, el sultán ya no consigue conciliar el sueño. Prueba de ello es que, a partir de entonces, cada vez que se levanta un nuevo campamento, los hombres del sultán tienen orden de cavar un foso alrededor y construir la correspondiente empalizada de estacas.

Vlad Draculea es informado por sus espías y comprende que aquel es un momento tan bueno como cualquier otro para volver a intensificar la presión sobre la moral del ejército invasor. El peso de la experiencia saca lo peor de su persona, exprime hasta límites insospechados su mente maquiavélica, y el voivoda valaco no puede menos que escalar varios peldaños y reinterpretar su deliberada filosofía del terror.

La explicación, más que sencilla, es obvia en esta ocasión. El ejercicio de la violencia se ha instalado de forma definitiva en su convulsa vida. El hombre se ha fundido con el soldado, con el juez, con el verdugo y, por último, con el gobernante vengador que quiere significar a toda costa cada latido de su deshonroso pasado. Día y noche, de acto y de pensamiento, su sueño maldito le impide considerar cualquier otra opción. Por ende, su orgullo le grita que ya no hay marcha atrás, que sobran los miramientos, las medias tintas.

Cuentan las malas lenguas que es entonces cuando varias caravanas repletas de enfermos de la peste y de la lepra, todos impecablemente disfrazados de otomanos, parten desde distintos puntos del principado valaco y, siguiendo diferentes rutas, se mezclan subrepticiamente entre las filas y poblaciones enemigas con la finalidad de contagiar sus incurables enfermedades.

Ya no es suficiente con tapiar los pozos. Ahora el agua, de apariencia límpida e inocente, se convierte, debidamente tratada con las sustancias adecuadas, en el arma perfecta, en el veneno invisible, incluso amable, para calmar, de una vez por todas y para siempre, la sed del enemigo.

Se multiplican también las emboscadas a las patrullas que parten en busca de agua y víveres y, en adelante, los soldados de Vlad Draculea rinden hasta el último latido en el campo de batalla. El valor que demuestran no tiene parangón, y actúan como máquinas de combate a pleno rendimiento. Muerden, arañan y golpean hasta la muerte cuando son desarmados por el enemigo. Callan como tumbas sin nombre cuando son malheridos, apresados y torturados.

Quizá su comportamiento se deba a que son sometidos a continuos y rigurosos reconocimientos en los que se premia a los soldados que presentan heridas frontales y, por contra, se condena a muerte a los que sufren heridas en la espalda.

De nuevo, el historiador Chalcocondylas relata el episodio en que uno de los espías del voivoda es apresado por los otomanos y torturado para que revele la posición de su ejército. El espía se niega en redondo afirmando no tener miedo a la muerte. De hecho, tras jurar fidelidad a su líder, es ejecutado sin llegar a decir una sola palabra que pudiera ser de utilidad para sus asombrados captores.

Para mayor desconcierto del sultán, la nueva disciplina impuesta por el voivoda parece tener su eco en la fuerza de los elementos de la naturaleza, y el calor del verano se intensifica hasta el punto de que un historiador de Mehmed II escribe: «El calor era tan angustioso que un kebab se podía cocinar en las cotas de malla de los ghazis[3]».

El viento parece detenerse; el oxígeno, envenenado por el humo, ahoga al respirar; la tierra quema; el agua y los alimentos escasean; el sudor se revela como el gran aliado de la sed, y la muerte, como la única opción plausible de conseguir un poco de alivio.

Con todo, pese a lo que todavía está por venir, el ejército de la Sublime Puerta[4] continúa su avance hacia el corazón del principado, luchando cada metro de terreno valaco, cada montículo, cada valle, cada bosque y cada campo envuelto en llamas que anuncia que, a partir de

---

3 Soldados turcos.

4 «Con este nombre, Bab-i Alí o Sublime Puerta, se nombraba en general al gobierno otomano. La puerta era un símbolo de poder y en ella se tomaban las grandes decisiones del Imperio». *Vid.* Jesús Sánchez Adalid. *La sublime puerta*. Barcelona. Ediciones B. 2014.

allí, ya no hay esperanza, siendo inevitablemente el sultán cada vez más consciente de que aquella huida hacia delante empieza a no tener sentido o un fin determinado que poseer. Pero el caudillo diablo guarda todavía un as bajo la manga. Su jugada maestra.

Al principio es algo que trae el aire, como un mal presentimiento, algo que nadie en su sano juicio es capaz de concretar. Es al llegar a las proximidades de la capital, Târgovişte, cuando las primeras avanzadillas del ejército del sultán descubren el macabro espectáculo. El hedor es insoportable y el graznido macabro de centenares de bandadas de cuervos emborrona la extraña visión que se vislumbra en el horizonte.

Los hombres del sultán agudizan la mirada y se descubre ante ellos un monumental bosque de empalados, compuesto por alrededor de veinte mil hombres y mujeres, entre ellos, sajones, boyardos, búlgaros y prisioneros otomanos. Todos pudriéndose, algunos agonizando todavía, en el fausto calor del verano de 1462, dando fe del punto exacto donde se encuentra el corazón del infierno.

Entonces, conforme la distancia va empequeñeciéndose, de un modo ignominioso y dañino, una figura, en un primer momento irreconocible, empieza a destacar sobre las demás.

Se trata del cadáver putrefacto de Hamza, el exgobernador de la región del Danubio, el que en su día había sido uno de los mayores hombres de confianza del sultán, empalado en la estaca más alta y envuelto en un enjambre de moscas, pero todavía reconocible gracias a la calidad de la seda de sus ropas.

Un poco más allá, el cadáver medio devorado y en descomposición de Catavolinos, el secretario griego del sultán, parece completar el dantesco cuadro.

Cuencas sin ojos. Trozos y jirones de carne seca por doquier. Miembros amputados y muchos de ellos todavía frescos y sanguinolentos. Hombres y mujeres con los intestinos al aire y sus vientres reconvertidos en nidos de cuervos. Madres que abrazan a sus bebés en el más allá.

Por si no fuera suficiente, perros salvajes, alimañas, buitres y un sinfín de animales carroñeros campan a sus anchas, potenciando la espectacularidad del dañino espectáculo.

Y de fondo, cada vez más omnipresente, como si se tratase de la música incombustible del infierno o posiblemente de la risa múltiple del diablo sentado en su trono de fuego y azufre, el sonido de millones y millones de moscas revoloteando, al olor de la muerte.

La visión provoca náuseas en la persona del sultán y el destacado dirigente siente de súbito cómo las dudas y los temores de todo su ejército pesan en su pensamiento con la maldición de una idea enfermiza que, por más que lo intenta, se resiste a marcharse, como si su privilegiada vida, con sus anhelos e ilusiones, hubiese perdido todo su color, a la par que la existencia entera.

Mehmed II suspira resignado, pero no ceja en su empeño. Su orgullo y su destacada posición en la historia del Imperio otomano tiran de él, de modo que continúa hacia delante, aunque con la convicción de que nada bueno puede depararles a él y a sus hombres a partir de allí.

Târgovişte no presenta batalla. Abandonada a su suerte, la capital de Valaquia es un escenario de soledad, un himno a la quietud y al silencio. La población ha huido y cualquier atisbo de vida brilla por su ausencia. Solo el espíritu del diablo llamado Vlad continúa presente, embrujando la escena.

PLAN B

A mediados de julio, cansado de la situación, hastiado de aquella guerra maldita y de no poder conciliar el sueño por las noches, pese a tener una y otra vez, incomprensiblemente, la misma pesadilla, Mehmed II repudió a Vlad el Diablo y a su tierra como si se tratase de una plaga o de la propia enfermedad de la peste que desde un siglo atrás tenía en vela a media Europa.

El desmoralizado sultán delegó el liderazgo de la nefasta campaña en su protegido y amante Radu el Hermoso, el traicionero hermanastro de Vlad Draculea, al que dio su bendición como futuro voivoda de Valaquia y dejó en compañía de buena parte de sus tropas para que no hubiese problemas en su inminente entronización y, acto seguido, inició el camino de regreso hacia su hogar.

Tal fue su impotencia que se vio obligado a utilizar una ruta distinta de la que había seguido para llegar hasta allí y se dirigió hacia el este, al pie de las montañas, atravesando solo las regiones en que tuviese alguna posibilidad de conseguir agua y alimentos para su maltrecho y desmoralizado ejército.

Dadas las circunstancias, Vlad Draculea había establecido sus bases de operaciones entre la fortaleza de Poenari, junto al desfiladero del río Argeş, y el castillo de Bran, en Braşov.

Allí, lejos de los valles, entre la verticalidad de las escarpadas montañas, a un tiro de piedra en cualquier dirección de la frondosidad de los bosques transilvanos, el caudillo diablo se sentía seguro y desde allí dirigió cuantiosos asaltos contra las tropas invasoras de su hermanastro Radu y aquellas que acompañaron al sultán Mehmed II en su amarga y deshonrosa huida del principado.

Entre tanto, continuó escribiendo al rey Matías Corvino para recordarle que mantuviese su palabra y lo apoyase en la guerra que nunca daría por perdida, e hizo entonces las paces con su primo Esteban el Grande, voivoda de Moldavia, como así quedó reflejado en el ataque conjunto que ambos realizaron contra la caravana del sultán cerca de Buzău, junto al Danubio, obligando a Mehmed II a cruzar con urgencia el río en Brăila y regresar a su hogar íntegramente avergonzado.

Fue entonces cuando, olisqueando su oportunidad, entró en juego la figura de Radu el Hermoso.

El hermanastro del caudillo diablo sabía muy bien qué hacer. Él y su amante, el sultán, habían tenido muchas ocasiones para hablar sobre ello y no dejar ningún detalle en manos del azar.

El plan que habían concebido con minuciosidad tenía como objetivo ganarse la confianza de nobles valacos, sobre todo de las familias boyardas, aquellos enemigos de Vlad Draculea que durante años habían guardado silencio por temor a las represalias de aquel que, en secreto, jamás habían reconocido como su legítimo líder.

Como era natural, el aspirante a voivoda no tuvo que esforzarse demasiado para ganar adeptos a su causa argumentando que su hermanastro había traído únicamente la destrucción, la miseria y la calamidad al principado enfrentándose a un enemigo, el todopoderoso

Imperio otomano, al que era mucho más conveniente tener como aliado.

Con él al mando, prometió Radu a los boyardos, el principado continuaría manteniendo su independencia a todos los niveles políticos, sociales y económicos, a cambio de algunas concesiones insignificantes, como renunciar al dominio de las fortalezas situadas a lo largo del Danubio —que de todos modos ya estaban en posesión de los otomanos— y pagar el acostumbrado tributo de diez mil monedas de oro.

Transcurridas algunas semanas, Radu tuvo total libertad para intensificar la presión militar sobre su hermanastro, que seguía jugando al gato y al ratón sin renunciar a la táctica de guerrillas que tantos éxitos personales y políticos le había proporcionado.

Quiso entonces el destino que en uno de aquellos enfrentamientos el desenlace no fuese favorable para los hombres de Vlad Draculea y que el ejército de Radu persiguiese al repudiado voivoda hasta la misma fortaleza de Poenari.

La contundencia del asedio que se avecinaba no tenía parangón, y el caudillo diablo, mermado su ejército y ya sin el apoyo declarado de los nobles transilvanos, los de su país y el gran ausente Matías Corvino, se vio forzado a huir.

Coinciden varias fuentes en que su todavía esposa, Cnaejna Báthory, la princesa moldava que Vlad Draculea había conocido con apenas dieciocho inviernos de edad, se negó a acompañarlo en la huida y que, de hecho, se suicidó arrojándose al vacío desde las murallas de la fortaleza por temor a acabar como esclava de los salvajes otomanos.

La primera parte de esta afirmación no ofrece discusión alguna; en cuanto a la segunda, aunque también es cierta, su interpretación es rima de otro cantar.

Se decía que Cnaejna Báthory era una mujer tan bella exteriormente como fuerte en su interior. Y lógicamente debió serlo, porque fue una mujer que siempre vivió a la sombra de un marido con sangre de dragón y alma de diablo.

Hay que recordar que las mujeres de la Edad Media —como las de tantas otras épocas— estaban hechas de otra pasta. Eran mujeres que habían tenido que aprender a endurecerse por dentro, a contener sus sentimientos empujadas por una sociedad de hombres que apenas las consideraba seres de segunda clase.

Durante catorce años, aquella mujer había entregado su vida y su alegría a un marido guerrero que nunca la trató demasiado bien. La atracción que existía entre ambos se había extinguido mucho tiempo atrás y eran demasiados los inviernos y las primaveras que el voivoda tenía por norma reservar sus caricias solamente para el uso y disfrute de sus innumerables amantes. Cnaejna Báthory, sin lugar a dudas, conocía mejor que nadie el carácter de su esposo y, seguramente por dicha razón —nada tuvo que ver en ello la cada vez más cercana amenaza de las fuerzas otomanas dirigidas por Radu el Hermoso—, no se lo pensó dos veces cuando llegó el momento de elegir entre escapar al lado del hombre que ya no amaba o lanzarse al vacío y despedirse de la vida que tantos disgustos le había dado. Siglos más tarde, el cineasta Francis Ford Coppola reconstruiría el suicidio de la abnegada esposa de Vlad en su afamada cinta *Drácula de Bram Stoker,* ofreciendo una versión romántica del trágico suceso.

ᴄᴚᴐ

Haciendo honor a su carácter, Vlad Draculea ni siquiera volvió la mirada hacia atrás y, la espada al cinto, el arco cruzado a la espalda, consiguió escabullirse y salvar la vida utilizando un pasadizo secreto en compañía de un pequeño contingente de hombres leales.

Según rezan algunos cuentos y canciones populares, el caudillo diablo consiguió despistar a sus perseguidores colocando las herraduras de su caballo al revés, lo que le permitió evaporarse en la frondosidad de los bosques transilvanos sin ser detectado.

Su hermanastro ya no supo más de él, al menos a ciencia cierta.

Vlad Draculea se escondió con toda probabilidad en algún lugar cercano a la frontera con Moldavia, al pie de los Cárpatos; posiblemente se instaló unos días en su castillo de Bran, en Braşov, pero es casi seguro que pasó la mayor parte del tiempo oculto en algún refugio remoto y de difícil localización que nadie conocía hasta ese momento, ni siquiera sus hombres de confianza, solo él, confiando en que algún día no demasiado lejano se materializaría la eterna promesa del rey Matías Corvino, aquella que nunca llegaba.

Con esa esperanza, a mediados de otoño de aquel año de guerra de 1462, puso rumbo hacia la ciudadela Braşov al encuentro de aquel ejército que más de una vez se le había prometido. Pero en esta ocasión fue la maldición la que persiguió al Diablo.

LA TRAMPA

A finales de verano, Radu el Hermoso se había proclamado a sí mismo como nuevo voivoda de Valaquia.

El principado estaba arrasado, pero el hermanastro de Vlad Draculea se había erigido en el mesías de la paz y la estabilidad frente a la amenaza indeleble del poder del sultán.

Los boyardos estaban contentos al fin. Hartos de una guerra que no les pertenecía, preferían presentar vasallaje a un imperio que los valoraba como nación, en vez de a un líder extremadamente inhumano y vengativo que a la mínima sospecha o recelo era sobradamente capaz de mutilar sus vidas con la punta roma de una escueta estaca.

No hubo de pasar demasiado tiempo, pues, hasta que los nobles valacos entablaran contacto abiertamente con los nobles de las ciudadelas sajonas con la finalidad de hacer fuerza juntos ante el dubitativo rey de Hungría.

¿Por qué debían participar en una guerra que consideraban perdida de antemano? ¿Qué ganarían con ello? ¿Por qué razón habrían de compartir el destino de un loco al que llevaban odiando durante años en resignado silencio?

Cuando el caudillo diablo llegó a la ciudadela de Braşov, tenía todas las de perder.

Pasaron varias semanas hasta que el rey Matías Corvino dio señales de adherirse a sus propósitos y al fin le ofreció la posibilidad de marchar hacia Valaquia al frente de una avanzadilla, a la que, se convino, seguiría el propio rey con el grueso del ejército.

En noviembre partió de Braşov el contingente húngaro-valaco con Vlad Draculea a la cabeza, sin saber este que la trampa ya estaba servida, que su libertad tenía las horas contadas.

Y ocurrió que, a la altura de la ciudadela de Piatra Craiului, los hombres del rey se rebelaron de improviso contra las órdenes de un capitán de confianza de Matías Corvino llamado Jan Giska y mataron a todos los hombres del destronado voivoda.

En el acto, el diablo llamado Vlad fue hecho prisionero, encadenado y puesto a disposición del monarca, que lo aguardaba con una acusación de traición escondida bajo la manga.

¿Qué había pasado?

Las diferentes conclusiones a las que llegan las crónicas germanas, rusas y rumanas sobre un mismo hecho son bastante ilustrativas a la hora de entender las maquinaciones del rey de Hungría y sus motivaciones para actuar como actuó.

A principios de aquel mismo mes, Matías Corvino había tenido, al parecer, conocimiento de dos cartas interceptadas, escritas de puño y letra por Vlad Draculea, que iban dirigidas a Esteban el Grande y al sultán Mehmed II respectivamente. En tales misivas, el destronado voivoda proponía, supuestamente, un pacto secreto a ambos dirigentes.

La noticia habría enfurecido sobremanera al monarca húngaro, razón por la que concibió el hiriente plan de dejar a Vlad Draculea con las mieles de un hipotético éxito en la punta de los labios antes de demostrarle, de un modo incisivo y categórico, que ya no tenía intención alguna de facilitarle la reconquista del principado valaco.

¿Fue aquella la excusa perfecta del rey húngaro para dar marcha atrás a una guerra imposible y borrar definitivamente del mapa político a un molesto voivoda que nadie quería?

Significativo es el dato de que en aquellas fechas el rey Matías Corvino tuviese en sus arcas cuarenta mil monedas de oro que el papa Pío II le había entregado para subvencionar la que sería la campaña definitiva de Vlad Draculea contra los otomanos.

¿Quiso el monarca apropiarse de tamaño botín y ocultar aquella malversación de fondos ordenando la falsificación de ambas misivas con la intención de implicar al destronado voivoda en un hipotético pacto de deslealtad hacia su persona y aplazar así aquella guerra que tantos dolores de cabeza le había proporcionado?

En honor a la verdad, la autoría de susodichas misivas ha sido siempre una incógnita. Un misterio jamás resuelto.

¿Pudieron ser falsificadas tal vez aquellas cartas por Radu el Hermoso con el indubitable objetivo de quitarse a su hermanastro terminantemente de en medio y matar así dos pájaros de un tiro al ganarse el favor del monarca húngaro, a quien, por otra parte, había declarado su intención de establecer un clima de respeto y cordialidad entre ambos Estados? ¿Tuvieron algo que ver en ello las nobles de Transilvania y los boyardos?

Si aplicamos cierta lógica, lo que parece evidente es que Vlad Draculea era, de todos los jugadores del tablero, el que menos tenía las de ganar con la redacción de tales misivas.

¿Por qué si no aguardó durante meses y meses hasta que el monarca húngaro se decidió a prestarle su ayuda? ¿Por qué si no habría acudido el caudillo diablo hasta la ciudadela de Braşov para liderar el ejército que se le había prometido, ejército que, de hecho, había partido hacia Valaquia a su mando con el propósito de eliminar al voivoda usurpador?

No debemos obviar que Vlad Draculea era quien, mejor que nadie, sabía que el vanidoso sultán jamás llegaría a un acuerdo con quien lo había humillado tan flagrantemente en el pasado.

Por lo tanto, ¿con qué motivo podría haber redactado él aquellas cartas?

Después de todo, el caudillo diablo tenía hambre de futuro, y su ideal de una existencia gloriosa distaba muy mucho de lo que cualquiera de los nobles, príncipes y monarcas que lo rodeaban hubiera podido imaginar jamás. Siempre a los dictados de su inmortal sueño, el pequeño David quería a Goliat rendido a sus pies, suplicando su perdón. Pero, de momento, se tuvo que conformar con haber escapado vivo y, en buena medida, victorioso de la hazaña, sin precedentes en la historia del pequeño principado valaco, de haber impedido el avance del terrible y gran Imperio otomano hacia Transilvania, Hungría y, por deducción, al corazón de la vieja Europa. Lo que, reconozcámoslo, podría considerarse una gesta a la altura de un hombre con sangre de dragón y alma de diablo.

EL DIABLO ENCARCELADO

Siguieron doce largos años como prisionero en Buda, la capital de Hungría, y en Visegrád, alternativamente, siendo esta última una ciudadela situada unos cuarenta kilómetros al norte, donde Vlad Draculea inició en cierto modo una vida de lo más sencilla y apacible en comparación con la de aquel guerrero que había sido desterrado del campo de batalla en contra de su voluntad.

Son años de sombra, en los que al espíritu incombustible del destronado voivoda no le queda más remedio que aguardar un nuevo giro del destino y contentarse con disfrutar de las migajas que pueblan la existencia del hombre medio de su tiempo.

Las versiones respecto a este largo episodio de su vida son muy diferentes entre sí.

Algunas fuentes aseveran que el caudillo diablo permaneció la mayor parte del tiempo encadenado de pies y manos, encerrado en una celda. Cuentan que solía ser sometido a continuas vejaciones por parte de sus carceleros, incluido el propio monarca Matías Corvino, y que, para aplacar el odio acumulado, se entretenía empalando y torturando a todo tipo de pequeños animales, como pájaros y roedores.

Nada más lejos de la realidad.

Podemos afirmar con rotundidad que el rey de Hungría no fue demasiado severo con su antiguo aliado y que este fue tratado como un prisionero privilegiado durante todo su cautiverio; destacable es el hecho de que nunca llegó a poner un pie en la Torre de Salomón de Visegrád, destinada a los presos.

Aunque estuvo constantemente vigilado para que no escapase, vivió con comodidad, en una buena casa, posiblemente en un castillo, como afirma Neagu Djuvara, por cuyas venas circula la sangre de Vlad Draculea. Como bien señala el historiador rumano, una de las pruebas más significativas de que el destronado voivoda fue tratado conforme a su estatus y sangre la podemos encontrar en los detalles del famoso retrato que se le hizo en aquellos años y que en la actualidad se conserva en el museo del castillo de Ambras.

En la pintura, Vlad Draculea aparece vestido como un noble húngaro al uso. Seda, piel y una imagen acicalada dan fe de un hombre que lleva una existencia holgada y plácida, digna de un príncipe; nada que ver con un prisionero acostumbrado a lidiar con la mugre, el aislamiento y las ratas en una celda cochambrosa y oscura.

La otra prueba, bastante concluyente por cierto, es que fue por entonces cuando conoció a su segunda esposa.

La afortunada no fue otra que Ilona Szilágyi, una prima del rey de Hungría, con la que tuvo cinco hijos y, por definición, compartió una florida vida familiar.

Con este desposamiento, quedó sellado parte del acuerdo que Vlad Draculea y el rey Matías Corvino habían pactado años atrás, en 1461 exactamente.

El propio monarca húngaro fue quien insistió en la celebración del matrimonio una vez conoció las intenciones del destronado voivoda de renunciar a las doctrinas ortodoxas tan arraigadas en el principado valaco y, por contra, convertirse al catolicismo, requisito que Matías Corvino siempre había considerado necesario para establecer una relación mínimamente factible y consistente entre ambos.

Tras la celebración de la boda, se le concedió al matrimonio una residencia permanente en Buda.

En verdad, fueron aquellos años en los que el diablo llamado Vlad jugó a ser el hombre que, por su condición draconiana, nunca le había sido permitido ser.

Si bien jamás dio la espalda a sus aspiraciones políticas, si bien no hubo un solo día, minuto o instante en que no añorase en su pensamiento aquellos tiempos de gloria, sangre y honor en que decenas de miles de soldados y centenares de miles de súbditos temblaban y agachaban la cabeza ante el menor gesto suyo, en la larga espera se consumió buena parte de su inquietud bélica.

Quizá también fueron años en los que aprendió a ser feliz sin necesidad de arriesgar el gaznate en cada intento, consiguiendo, de un modo inédito hasta entonces, integrar en su realidad cotidiana aspectos básicos de la vida que siempre había considerado secundarios o excesivamente al alcance de sus deseos.

Quizá creyó, por un tiempo, que no tenía nada que perder si hacía el esfuerzo de ver crecer a sus hijos, de querer como se merecía a la amantísima y bella esposa que el destino había tenido a bien poner en su lecho y de encarar cada día no como una batalla contra el mundo y todos los que vivían en él, sino como el inicio de un nuevo desafío para su voluntad y un aliciente para su prodigioso intelecto, y acabar redescubriendo, al término de la jornada, el silencio y misticismo de la noche sin mayor pretensión que amarrar lo aprendido.

Nunca lo sabremos del todo en realidad.

No obstante, no todo fue recogimiento y contención para el diablo llamado Vlad en aquel periodo.

Matías Corvino tenía algunos planes para él.

ଔଓ

No fueron precisamente los planes que el destronado voivoda tenía en mente para sí, pero, de algún modo incontestable, el acto de seguirle el juego al monarca húngaro supuso cierto bálsamo con el que sobrellevar las restricciones vitales que se derivaban de su particular condena, sobre todo durante los primeros años de cautiverio.

Como es natural, el monarca húngaro era muy consciente del alcance y la capacidad de intimidación de la leyenda negra del prisionero que tenía a su entera disposición. Él mismo, como hemos tenido oportunidad de reflexionar, podría haber puesto su granito de arena en el asunto. Entonces, ¿por qué no utilizar en su favor la ominosa fama que distinguía al príncipe demonio?

La ocasión se presentó en 1468, cuando llegó a Buda una comitiva enviada por el sultán Mehmed II para negociar un tratado de paz con el monarca húngaro.

Matías Corvino aceptó encontrarse con los emisarios del sultán, pero con la condición de que el destronado voivoda pudiese estar presente en la reunión. Tal y como había previsto el monarca, la tensión empezó a palparse en el ambiente apenas se cruzaron las primeras miradas.

En cuanto a Vlad Draculea, lobo entre lobos, percibió al primer vistazo la reverberación del miedo en el brillo trémulo de los ojos de los emisarios. Su corazón, a diferencia de cuando en el pasado solía entrar en combate, se aceleró sin su consentimiento. Sencillamente no pudo evitarlo y su orgullo reencontrado acechó sin descanso a los atemorizados emisarios durante el resto de la negociación que, por otra parte, discurrió rápida y limpia, en contra de lo que cabía esperar.

Así pues, mientras el monarca húngaro obtuvo un trato ventajoso, el mejor que podría haber imaginado viniendo de tan aleccionados embajadores, el diablo llamado Vlad se reencontró con una parte de sí mismo que ya había creído empezar a olvidar, y con el terror ajeno, aquel terror ligado a su presencia que, reflejado en los rostros y en el nerviosismo de los emisarios del sultán, se había convertido en el mejor de los halagos posibles.

Más allá de este episodio y de algunos más que probables arrebatos de rabia inspirados por la consanguinidad de quien por aquellas fechas ocupaba el trono que le pertenecía por derecho, al caudillo diablo no le quedó otro remedio que dar paz a su alma guerrera durante un tiempo y hacer todo lo posible por adaptarse a la situación, como ya le ocurriera en el pasado, aunque de forma bien distinta, cuando fue tomado como rehén por sus odiados otomanos.

Entre tanto, el resto del mundo continuó funcionando sin él, y muchos serían los años que habrían de pasar para que la balanza del porvenir se inclinase de nuevo a su favor.

Durante esta época, Matías Corvino se afianza en el poder y aumenta considerablemente su ejército.

En Valaquia, el vasallaje que Radu el Hermoso rinde al sultán continúa garantizando la paz y la estabilidad de su gobierno, pese a que los otomanos empiezan a campar a sus anchas en las proximidades del sur y el este del principado.

En cuanto a Transilvania y Moldavia, ambos territorios acercan posiciones, y en 1470, con el apoyo de las ciudades sajonas, Esteban el Grande se adentra en el principado valaco y arrasa la ciudadela portuaria de Brăila. Cinco años antes, había conseguido recuperar la ansiada fortaleza de Chilia. Radu el Hermoso responde al año siguiente, pero las cosas no le van demasiado bien. A finales de 1473, Esteban el Grande derroca a Radu el Hermoso y coloca a Basarab Laiota, hombre de su confianza, como nuevo voivoda de Valaquia.

Un mes después, Radu el Hermoso regresa al frente de un ejército compuesto por cerca de veinte mil soldados y provoca la huida sin paliativos de Basarab Laiota. Esteban el Grande contraataca en 1474 y Basarab Laiota es restituido como voivoda del principado valaco.

A finales de ese año, un gran ejército de cincuenta mil soldados se adentra en Valaquia a instancias de Mehmed II. Al cabo de una acertada contraofensiva, las tropas del sultán son derrotadas por Esteban el Grande, que cuenta con la ayuda de los transilvanos y los *szekler*, consagrándose como un excelente estratega militar y experto en tácticas de guerrilla. A semejanza de Vlad Draculea, el voivoda moldavo también utiliza la táctica de «tierra quemada» perpetrada con tanto éxito por su primo.

Estando así las cosas, a mediados del verano de 1475, Matías Corvino y Esteban el Grande firman una alianza para hacer fuerza común contra el gran Imperio otomano. Y entonces ocurrió. La larga espera tocó a su fin.

En medio de este convulso panorama, como no podía ser de otra manera, el monarca húngaro —siguiendo las recomendaciones del voivoda moldavo— ordenó de repente la liberación sin condiciones de Vlad Draculea y le ofreció como prueba de su buena fe una casa en Pest, en la franja oriental del Danubio. La certeza de que algo gordo se avecinaba se apropió pronto del alma de Vlad. Intuía los planes de Matías Corvino. La inquietud se hizo patente en el comportamiento del caudillo diablo cuando una de aquellas noches, dejándose llevar por la excitación del momento, recordando y anhelando simultáneamente tiempos mejores, se las vio con un capitán de la guardia de la ciudadela.

Retrato de Matías Corvino, atribuido a Andrea Mantegna (finales del siglo XV), custodiado en el Museo Histórico de Budapest.

Sucedió que un ladrón, que huía de sus perseguidores, se coló en la nueva casa de Vlad Draculea con intención de ocultarse. Acto seguido, el citado capitán y sus hombres se presentaron en la casa y consiguieron detener al ladrón.

El escándalo llamó la atención del destronado voivoda, que acudió presto a ver qué diablos ocurría. Al comprender que el capitán había entrado en su propiedad sin solicitar su permiso, sacó una espada y lo decapitó de un enérgico mandoble delante de sus estupefactos hombres. Cuando el propio rey Matías Corvino le preguntó abiertamente sobre lo sucedido, Vlad no titubeó, ni siquiera pestañeó, para responderle sin cargo de conciencia que el lacayo que no era capaz de respetar a un gran gobernante no merecía vivir. Cuentan que al monarca húngaro le hizo bastante gracia tal respuesta.

Tras aquel episodio, y en el uso de su recién estrenada libertad, Vlad Draculea se dirigió a tierras transilvanas y se instaló una temporada en la ciudadela de Sibiu. Su objetivo: una primera toma de contacto con la tramoya de los acontecimientos.

Fue precisamente en algún momento de aquella deliberada estancia en tierras transilvanas cuando conoció la noticia de que su hermanastro Radu el Hermoso había sido asesinado violentamente en circunstancias sospechosas, hasta entonces no aclaradas. Se trataba del fin del hermano traidor, el niño que fue absorbido de mente y alma por la cultura de su secuestrador, desarraigado de por vida de su tierra y de su familia.

El diablo llamado Vlad creyó ver en ello una señal, la confirmación de una nueva oportunidad, tal vez un último saludo en el escenario, tal vez el clímax final de su particular lucha por arañarle un trocito de gloria al destino. Un último salto hacia delante en el tablero salvaje de los acontecimientos.

EL ÚLTIMO ZARPAZO

> «Vuelvo hacia la noche mi faz nocturna y eterna, me erijo como un desafío y digo a Dios: Aquí estoy. Aquí estoy tal y como tú me ves, tal como soy. ¿Qué puedo hacer yo? "Tú me conoces y yo me conozco". ¿Qué puedo hacer sino soportarme? Y tú, "cuya mirada me crea eternamente", sopórtame. [...] Por fin me he transformado en mí mismo. Me odian, me desprecian, me soportan, "una presencia me sostiene en el ser para siempre". Soy infinito e infinitamente culpable. Pero "soy yo". Ante Dios y ante los hombres, soy. Eccehomo».
>
> Jean-Paul Sartre

Y la guerra estalla.

El ejército otomano ha tomado el control de buena parte de Serbia y Bosnia y amenaza la integridad del país húngaro. A finales de aquel otoño de 1475, Vlad Draculea responde a la llamada de Matías Corvino y regresa a Buda para reunirse con el grueso del ejército húngaro. Entrado el invierno, el caudillo diablo se dirige hacia el sur de Hungría y pone su inteligencia militar al servicio de la conquista de la fortaleza de Šabac, en Serbia, al oeste de Belgrado. Acto seguido, se dirige hacia Bosnia y gana fácilmente la ciudadela de Srebrenica.

La estrategia en esta ocasión es simple. Al igual que ocurriera años atrás en la toma de Giurgiu, en el Danubio, sus hombres, quinientos en concreto, se disfrazan con las vestimentas típicas de los otomanos y se internan en la ciudadela aprovechando el día de mercado. Una vez en el interior, la guarnición otomana se convierte en el primer objetivo de sus espadas y los hombres de Vlad abren al cabo las puertas de la fortaleza facilitando la entrada de las tropas húngaras. Tras la batalla, ningún soldado otomano queda con vida y la ciudadela es saqueada a placer.

A la caída de Srebrenica, le siguen numerosas victorias. Todas ellas de extrema violencia.

El diablo llamado Vlad retoma viejas costumbres. En su línea, ataca por sorpresa: aparece y desaparece en cualquier lugar, sin orden aparente. Cómo no, empala, quema y despedaza a placer los cuerpos de sus víctimas, que se cuentan por miles. En la posterior conquista de las fortalezas de Zvornik, en el noreste de Bosnia, y Kušlat, al sur de Bosnia, ordena que todos los prisioneros sean empalados.

El diablo llamado Vlad ríe de nuevo.

¿Libera el destronado voivoda el rencor y el odio que han permanecido reprimidos pero vivos en su imaginación, durante doce años de cautiverio? ¿Pudo ser entonces el momento adecuado para empezar a beber la sangre de sus enemigos, quizá no por sed, sino como trofeo de guerra, como alimento del alma? Cierto es que el lobo se siente lobo cuando huele a monte. El misterio está servido y solo el hombre con sangre de diablo conoce la respuesta.

Asegurado el sur del país húngaro, aplacada en apariencia el hambre de guerra, Vlad Draculea regresa a Transilvania entrado el nuevo año mientras que el ejército del rey Matías Corvino hace lo propio y se retira hacia el norte.

Es en los siguientes días cuando la mente maquiavélica del caudillo diablo comienza a maquinar de nuevo. En su interior anhela volver a recuperar su trono perdido. En la campaña de Serbia y Bosnia ha disfrutado como un niño con un juguete nuevo al mando de las tropas húngaras. Ha sentido cómo su corazón crecía bajo su pecho y cómo su respiración se agigantaba cada vez que miles de soldados se ponían en acción a su grito de guerra. Ha sentido cómo aquellos mismos hombres encogían sus miradas al roce de la propia. Ha sentido cómo la sangre le salpicaba el rostro y algo muy dentro de él gozaba. Ha sentido cómo la vida volvía a regalarle su fragilidad en cada mandoble y cómo cada bocanada de oxígeno le sabía una y mil veces mejor que la anterior. Y, cómo no, ha sentido la derrota del sultán en la distancia, ha sentido su vanidad mermada, su decepción acorde con la avaricia del cargo que este ostenta.

El caudillo diablo es consciente de que necesita aliados para materializar su anhelo. Sabe que no le vendría nada mal un nuevo conflicto, una guerra sin contemplaciones, allí donde pudiesen ser necesarias sus sobresalientes cualidades como estratega y asesino de masas. Pero, más sabio por viejo que por diablo —en esta época, Vlad Draculea tiene cuarenta y cinco años de edad, que bien valen diez vidas del hombre medio occidental—, también entiende que lo único que tiene que hacer es esperar, pues el significado de la palabra *paz* no es ni ha sido nunca un valor en alza al este de la vieja Europa.

La cólera del sultán se remueve en el sur. Mehmed II siente que el sueño europeo está un poco más lejos y que las fortificaciones perdidas al sur de Hungría bien merecen una respuesta. De momento, el principado de Valaquia está bajo control, ya que el voivoda regente, Basarab Laiota, antiguo valido de Esteban el Grande, le rinde tributo en secreto. De modo que el principado de Moldavia se convierte en su principal objetivo.

A mediados de aquel año 1476, Mehmed II reúne un ejército de cien mil hombres y se planta en el Danubio. Basarab Laiota se descubre al fin como aliado del Imperio otomano y se une con cerca de diez mil soldados.

La campaña está en marcha.

El ejército otomano, con Mehmed II a la cabeza, empieza a tomar posiciones y Moldavia es sometida a uno de los mayores asedios de su historia. Los tártaros, un grupo étnico de origen otomano, se alían con el sultán y se adelantan atacando desde el oeste.

Esteban el Grande, aventajado discípulo de su primo valaco en materia militar, desempolva su armadura. Mientras sus mensajeros dan la voz de alarma al rey Matías Corvino, el voivoda moldavo defiende su tierra a capa y espada, a sangre y fuego, haciendo honor a su fama de excelente estratega y experto en tácticas de guerrilla. Siguiendo sus órdenes, sus hombres atacan desde diferentes flancos al ejército invasor en incursiones rápidas y precisas para después ocultarse como fantasmas entre la espesura de los bosques. Solo cuando la causa parece perdida, sus tropas se repliegan utilizando la táctica de «tierra quemada», o sea, quemando las cosechas, desalojando a la población, destruyendo los víveres y el ganado que no se pueden transportar y tapiando los pozos de agua. De este modo, los tártaros son fulminantemente rechazados, pero el grueso del ejército otomano es harina de otro costal.

Entre tanto, Matías Corvino hace efectiva la llamada

de auxilio de Esteban el Grande e insta a Esteban Báthory, un noble de ascendencia húngara que había sido proclamado voivoda de Transilvania, a que acuda en ayuda del príncipe moldavo.

El caudillo diablo sonríe cuando es informado de que su presencia es requerida en las altas esferas. Saca filo a su espada y acude presto a la llamada.

ꕥ

Pronto, un ejército compuesto por treinta mil hombres marcha de Transilvania hacia la frontera con Moldavia para sacarles las castañas del fuego al príncipe y a su pueblo.

En aquellos momentos, finales de julio, Esteban el Grande está inmerso en la famosa batalla de Valea Albă, también conocida como la batalla de Războieni, en la que la matanza es mutua y Mehmed II pierde cerca de veinticinco mil hombres.

Tras retirarse a los bosques, el ejército moldavo intenta emboscar a las tropas del sultán y casi lo consigue, pero una segunda carga obliga a Esteban el Grande a ordenar la retirada de sus hombres, pese a haber causado numerosas bajas entre las filas enemigas.

Cuando las tropas lideradas por Esteban Báthory y Vlad Draculea entran en Moldavia, el ejército otomano ya se encuentra a las puertas de Suceava, la capital.

Lo que sigue a continuación es la crónica de un egocéntrico sultán que vuelve a conocer el significado de la humillación. La vergüenza y la deshonra persiguen al gobernante en su atropellada retirada del país, por obra y gracia de su eterna némesis: aquel molesto caudillo que una vez estuvo al frente de un insignificante principado, aquel guerrero demonio que en cierta ocasión le mostró la negrura que anidaba en su alma. «¿Quién es aquel hombre?», se pregunta el sultán. «¿De qué infierno se ha escapado? ¿Por qué no lo deja en paz de una vez por todas?».

El contingente húngaro-transilvano se une a las tropas moldavas y juntos hacen fuerza para obligar al diezmado ejército otomano a retirarse al otro lado de la frontera natural del Danubio.

La pesadilla del sultán es doble cuando Esteban Báthory y Esteban el Grande —con la venia del rey Matías Corvino y la complacencia del interesado caudillo diablo— encaminan sus fuerzas hacia el principado valaco con la intención de acabar con el mandato de Basarab Laiota, el voivoda traidor.

Las carcajadas de Vlad el Diablo resuenan y pesan una y otra vez en el ánimo de Mehmed II cuando Basarab Laiota es derrotado a finales de otoño tras una inteligente y planificada campaña a dos bandas, sin adornos, y este huye precipitadamente a través del Danubio.

El 26 de noviembre de 1476, Vlad Draculea es nombrado oficialmente voivoda de Valaquia por tercera vez.

Objetivo conseguido.

El Diablo vuelve a casa. El pueblo valaco enmudece, expectante, aguardando el primer movimiento de su impredecible gobernante. Transilvania tiembla, muchos son los que recuerdan los malos tiempos; Braşov se espera lo peor.

Lejos de allí, en las entrañas del Imperio otomano, el sultán ya no es el hombre que era. Dicen que ya no visita con la frecuencia de antaño a su nutrido harén. Dicen que camina sin rumbo fijo por las estancias y los jardines de palacio, siempre malhumorado, hablando consigo mismo y maldiciendo, intentando descubrir qué ha vuelto a fallar.

Pero el reinado del voivoda es breve: apenas algunas semanas para recuperar la dignidad perdida, para saborear las mieles del éxito, para reencontrarse con la substancia del poder y los aromas de su tierra; en definitiva, para intentar asegurarse el respaldo de los nobles sajones y valacos, y así tomar como corresponde las riendas de su país.

El caudillo diablo se teme lo peor. Desconfía de todos. Prevé que puede ser asesinado en cualquier momento. Siente que Valaquia es un nido de cuervos, que nadie lo quiere allí.

La sangre llama a la sangre.

Escribe, pues, a su primo Esteban, y este responde con celeridad a su petición con doscientos de sus mejores hombres. Doscientos soldados moldavos que, a partir de entonces, se convierten en la sombra del voivoda: su guardia personal.

Llega diciembre y el gélido invierno comienza a dar sus primeros coletazos. De improviso, el destronado Basarab Laiota irrumpe en el principado al mando de un nutrido contingente de miles y miles de jinetes otomanos. Ninguno de ellos es consciente, pero todos representan el odio personificado del sultán.

El diablo llamado Vlad sale al encuentro del ejército invasor. Sus defensas son casi nulas, prácticamente inexistentes. Pero no le importa. Su mujer, Ilona, y sus cinco hijos están a salvo en Transilvania, y, si ha de morir, será matando, dando de beber a su espada la sangre de sus enemigos.

Es entonces —o al menos así reza la leyenda— cuando Vlad el Diablo es acorralado en las profundidades de un bosque a unos cuarenta kilómetros de Bucarest y decapitado en el fragor de la batalla. Solo diez de sus hombres sobreviven al feroz ataque.

Su cabeza, cuentan, fue carne de estaca.

Retrato de Basarab Laiota, quien aseguró su trono contra Vlad Draculea gracias al apoyo del Imperio otomano.

¿MUERTE?

«Todo lo que es profundo ama la máscara».

Friedrich Nietzsche

¿Dónde acaba el hombre, la historia, y dónde empieza el personaje, la leyenda?

Un solo hecho y múltiples las versiones. Una única realidad, pero infinitas las interpretaciones.

La duda y el desconcierto asaltan al investigador hasta que comprende que el misterio y su solución son parte de un mismo juego, que, de alguna forma extraordinaria, mágica e insólita, la pregunta es cómplice de la respuesta.

Y el círculo jamás se cierra.

Los detalles apuntan a otros detalles. Los cabos sueltos guardan ciertas similitudes, y la curiosidad, hermana del hambre, eco de todo lo divino, ya no conoce fronteras.

En ese preciso latido, la espiral de lo cotidiano se despliega para envolver al visitante, al turista de lo desconocido, en un mundo de fantasía hiperrealista y de lúcida oscuridad, donde el objetivo primordial es abrazar lo inexplorado, el acertijo que no tiene fin, la incógnita que no puede ser revelada, pues su solución es un nuevo enigma: un interminable, hermoso y laberíntico callejón sin salida.

¿Murió realmente el caudillo diablo aquel convulso

diciembre del año 1476? ¿Hizo uso una vez más de su tremenda habilidad para desaparecer en el momento exacto y conseguir salvar la vida?

¿Por qué si no existen varias versiones sobre su muerte? ¿A qué se deben tantos titubeos? ¿Fue asesinado, como defienden algunos estudiosos, por un mercenario moldavo que pertenecía a su guardia personal, pagado a sueldo por la clase alta valaca, la cual llevaba muchos años proyectando su destrucción? ¿Expiró quizá su último aliento, como afirma otra versión, tras ser alcanzado por las flechas de sus propios soldados, que lo confundieron con un enemigo, ya que iba disfrazado como tal? ¿Murió, en definitiva, bajo la espada de su adversario Basarab Laiota?

Por consiguiente, ¿fue su auténtica cabeza la que el sultán Mehmed II expuso durante semanas clavada en una estaca a la vista de su pueblo o fue la de cualquier pobre desgraciado que, nunca mejor dicho, hizo de «cabeza de turco»? ¿La falsificó tal vez el sultán en contubernio con su voivoda títere, quizá para solapar su orgullo herido ante la impotencia de ver escapar por enésima vez a su archienemigo? En tal caso, ¿por qué Vlad Draculea ya no volvió a dar señales de vida?

Preguntas y más preguntas, todas condenadas a no cumplirse, a no redimirse en una sola respuesta.

Lo cierto es que, a partir de entonces, la presencia del personaje se fundió literalmente con las sombras.

Sus hechos, la violencia que lo había acompañado la mayor parte de su vida —codo con codo con un guerrero que no reconocía más hogar que el campo de batalla—, junto con la certeza de la muerte y el terror que su espada había sembrado a su paso, hablaron por él, en boca de sus enemigos, como los grandes testimonios de todo lo que pasó. A partir de entonces, se levantó el telón, se abrió la veda, y la historia, la leyenda y la propaganda se confundieron para no distinguirse jamás.

Vlad Draculea dio el primer paso.

Él mismo hizo en vida cuanto pudo para agigantar su fama y profundizar en las atrocidades de su leyenda. Nunca le importó demasiado pagar el precio. Como el hombre inteligente que era, siempre fue consciente de sus actos, pues desde muy joven había decidido que nunca retrocedería un ápice en sus pretensiones.

Su sangre, su herencia y las especiales circunstancias en las que tuvo que desenvolverse en su juventud le impidieron ser un hombre normal y corriente.

Estatua de Vlad Draculea en Sighişoara, Romania.

¿Acaso lo tenía todo planeado desde el principio? ¿Tal era la categoría de su ambición que ni siquiera la muerte le supuso un problema? Bien pensado, ¿por qué si no había vendido su alma al diablo tanto tiempo atrás?

No en vano, el culto a la violencia estuvo desde el principio hasta el final. Esa fue la clave. El ataque como única defensa. Al caudillo diablo no le quedó otra opción para destacar y hacerse valer en un territorio y un tiempo que eran implacables con los justos, feroces con los débiles y mortales con cualquier ser vivo que pecase de un mínimo de pulcritud e ingenuidad.

Para unos, acabó convirtiéndose en un ángel caído del cielo, un intocable. Para otros, la gran mayoría, siempre fue un diablo que nunca debió haber escapado del infierno.

Pero, pese a quien pese, el nombre permaneció, y, sin saberlo, todos le siguieron el juego; todos los que finalmente acabaron siendo carne de olvido, los perpetuos secundarios de la trama.

Porque solo él se llevó todo el protagonismo: Vlad Draculea, el hijo predilecto de una época salvaje, un guerrero con sangre de dragón y alma de diablo, la voluntad de vida de un hombre irrepetible, elevado a la máxima expresión.

El rugido de un mito. Su comienzo…

3. ENCRUCIJADA
(1476-1897)

«Una misma cosa [es] en nosotros lo viviente y lo muerto, lo despierto y lo dormido, lo joven y lo viejo. Estos, pues, al cambiar, son aquellos, y aquellos, inversamente, al cambiar, son estos».

Heráclito de Éfeso

Retrato de Vlad Draculea en el altar de la iglesia Maria am Gestade (Viena, 1460).

EL ESPÍRITU DE VLAD

Cuatro siglos envueltos en el misterio. Cuatro siglos de leyendas y de rumores malintencionados. Cuatro siglos de un mundo en constante transformación que, pese a abrazar la racionalidad y los inminentes avances científicos y tecnológicos, todavía cargaría a sus espaldas con la superstición, la maldad y el oscurantismo que lo habían visto nacer.

Como no podía ser de otra manera, el espíritu de Vlad Draculea continuó presente. Nadie tenía intención de olvidarse de él.

Al principio fueron muchos quienes acogieron la noticia con cierta incredulidad. ¿Vlad Draculea muerto? Un imposible; debía tratarse de una ilusión, una fábula para necios e incautos. ¿Cómo demonios se podía matar a un diablo? Hasta el súbdito más crédulo del recién restituido Basarab Laiota auguró que el caudillo diablo podría reaparecer en cualquier momento, en cualquier lugar.

El convencimiento, aunque parcial, y la correspondiente sensación de alivio llegarían con la inercia de los meses, con las asperezas y alegrías del día a día y con la amnesia de los años, pero, en el fondo, la incertidumbre persistiría durante una o dos generaciones más, estancada en la memoria colectiva como un mal recuerdo, una herida que nunca se decidiría a cicatrizar.

En algunas partes de Transilvania, Valaquia y a orillas del Danubio, el nombre del voivoda continuó diciéndose en voz baja durante décadas, que se convirtieron en siglos: una sombra en la dicción cuando llegaba la noche; un mal presagio cuando se avecinaban los primeros aires gélidos del invierno, o el regreso del apogeo de la luz en primavera y en verano; también un punto de inflexión en pesadillas y maldiciones; una palabra sin alma; un enunciado de mal gusto; sinónimo de destrucción y salvajismo en leyendas y cuentos populares, narraciones que cada año se recrudecían en sus planteamientos, que cada año repintaban de rojo escarlata sus tramas y enlutaban sus moralejas, estableciendo una línea cada vez mayor entre la humanidad del presente y la ferocidad de un pasado no demasiado remoto.

El recuerdo del voivoda se tiñó de tragedia, de anormalidad, de virulencia y de buenas dosis de literatura.

Fueron las poblaciones transilvanas que se extendían al pie de los bosques de los Cárpatos meridionales las que atesoraron gran parte de la oscuridad del personaje. Desde su primera incursión en Transilvania al frente de su incombustible ejército con la excusa de ajustar cuentas, el caudillo diablo había dejado tatuada para siempre su impronta en el principado.

Matanzas, descuartizamientos, ejecuciones, torturas, incendios, canibalismo, esclavitud, sadismo, etcétera, etcétera. En cualquiera de los casos, relatos para no dormir, crónicas bajo el imperativo de la enemistad y el resentimiento sajones.

Muy pocos recordarían al héroe, al guerrero de profesión que no solo impidió el avance de un imperio, sino que provocó la vergüenza de un sultán que en sus previsiones contemplaba no dejar cristiano con vida o, en su defecto, con alma en el seno de la vieja Europa.

Nadie haría mención a las injusticias cometidas por los nobles transilvanos para con los derechos de los comerciantes, ganaderos y agricultores valacos desde mucho antes de la llegada de Vlad Draculea al trono del principado.

Y tampoco se haría referencia al hecho de que en las ciudadelas sajonas la tortura y muerte por empalamiento estuviese legalmente implantada desde antiguo.

El delito siempre deja huella, y en este caso la zarpada provenía de un diablo en toda regla.

Buena parte de este odio concentrado empezó a ser recopilado por historiadores, religiosos, poetas, trovadores, cuentacuentos y presuntos monarcas.

A partir de 1462, todavía en vida del voivoda, un nutrido número de publicaciones coparían las ansias de las mentes ávidas de emociones y relatos con tintes malsanos.

Sumándose a la campaña de desprestigio iniciada por las ciudadelas sajonas, un extenso poema titulado *La historia de un loco sanguinario llamado Drácula de Valaquia*[5], obra de un trovador alemán llamado Michael Beheim, destacó por entonces debido a su prolijidad en los aspectos más escabrosos de la trayectoria del voivoda obteniendo una gran aceptación entre la población húngara y germana. El informador del cronista juglar había sido

5 Título original: *Von ainem wüthrich der hiess Trakle waida von der Walachei.*

un monje católico que, estando de viaje en el principado valaco, había recogido el testimonio de algunos de los crímenes hipotéticamente perpetrados por Vlad Draculea y su ejército. Otra obra que tuvo bastante notoriedad en la época, aunque tal vez no la suficiente, fue la pormenorizada biografía del voivoda que Antonio Bonfini, un cronista del rey Matías Corvino, plasmó en sus escritos. Quizá sea el relato más fiel sobre la vida del príncipe valaco escrito por aquellas fechas.

No obstante, el encargado de dar un paso más allá en la difamación de la figura del voivoda no sería otro que el citado monarca húngaro, Matías Corvino. Solo el rey de Hungría tuvo los medios, la predisposición, la avaricia y, por consiguiente, tres razones de peso para llevar a cabo con éxito la desproporcionada campaña propagandística que, con la complicidad de los nobles transilvanos y la clase alta valaca, puso en marcha contra Vlad Draculea tras su captura y posterior encarcelamiento en el año de la guerra de 1462.

Europa entera debía conocer los motivos por los que él, Matías Corvino, un monarca augusto y católico convencido, no debía relacionarse con un monstruo capaz de semejantes atrocidades, y mucho menos implicarse en una guerra imposible que solo conllevaría un desgaste innecesario para su pueblo.

En verdad, las cuarenta mil monedas de oro entregadas por el papa Pío II pesaban más en la codicia del monarca que aquel pacto de cooperación frente a la amenaza del Imperio otomano que había firmado con el Diablo meses atrás.

Con el fin de enterrar su delito y justificarse ante sí mismo y ante el mundo, Matías Corvino encargó la realización de una serie de panfletos y grabados que recopilasen e ilustrasen respectivamente las fechorías de Vlad Draculea.

La función, obvia: adjudicarle al voivoda la reputación de hombre sádico, sin escrúpulos y asesino de masas.

Archiconocido se hizo, con el paso del tiempo, uno de los grabados del artista Matías Hupfuff —conservado en la Real Biblioteca de Estrasburgo— donde Vlad Draculea es representado en actitud apacible, sentado a la mesa, disfrutando de su desayuno o almuerzo en el fragor del suplicio de un bosque de empalados, mientras, a escasos metros de él, un verdugo se afana en descuartizar cadáveres (véase la página 64 del presente libro, en la que puede observarse dicho grabado).

En muchas ocasiones, estos panfletos y grabados eran difundidos indiscriminadamente entre la población.

Toda esta portentosa campaña de desprestigio contra la imagen del caudillo diablo no hubiese sido factible sin el florecimiento, en la segunda mitad del siglo XV, del invento que revolucionaría el destino de la humanidad y millones de lectores: la imprenta de Johannes Gutenberg, en Alemania.

No sin malicia la biografía del voivoda fue escrita, reescrita, ampliada y reeditada una y otra vez, convirtiéndose en uno de los grandes incunables publicados en masa.

La leyenda negra de Vlad Draculea se erigió en una lectura de incuestionable atractivo para los amantes de las emociones fuertes, un éxito editorial en toda regla que contribuyó a que el voivoda se hiciese famoso en toda Europa gracias a su irreductible crueldad.

Póstumamente, sus matanzas correrían en boca de todos, consolidando una especie de moda por lo grotesco que se extendería por buena parte del mundo civilizado.

A Vlad Draculea se le tacharía de príncipe maldito, de usurpador, de genocida, de bebedor de sangre y hasta de enemigo del cristianismo, pese a que nadie pudiese negar, o se atreviese a reconocer, sus importantes logros en materia política, militar y continental.

Antes de la llegada del nuevo siglo, ya se habrían publicado catorce ediciones de las andanzas del voivoda. ¡Uno de los primeros *best sellers* de la historia!

Esta sería, sin embargo, la primera gran señal de que el espíritu de Vlad Draculea continuaría estando vigente, un latido imperecedero en la perennidad del tiempo.

El olvido jamás llegaría.

Con los siglos, el caudillo diablo habría de convertirse en un héroe nacional para el pueblo rumano. Una leyenda llegaría a asegurar que, cuando Rumania corriese verdadero peligro y necesitase la ayuda de un salvador, Vlad Draculea, el hijo del dragón, regresaría de las sombras de la muerte para retomar las riendas del país.

Sí. Nuevamente, solo él.

El alma de un guerrero al que ni siquiera el abrazo de la parca había conseguido poner fin.

La inapelable voz de la historia daría fe de ello. La misma que, oscura y artificiosa, a la par que lúcida y transparente, se negaría a pasar página.

VAMPYR

El Renacimiento arrancaba con fuerza en la ciudad italiana de Florencia cuando en algunos rincones del centro y el este del Viejo Continente comenzó a proliferar un buen número de historias sobre la existencia de ciertos seres del más allá que, una vez pasada la medianoche, escapaban de sus tumbas para minar el sueño, la cordura y la salud de las gentes de bien.

Por centenas se contaban los sucesos que adolecían de una explicación científica o racional. Por miles afloraban los testimonios, a cual más extraño, aciago e irreal.

Ya desde los siglos XI y XII, los muertos parecían haber adquirido la siniestra costumbre de regresar a la vida, cada noche, con la intención de atormentar a sus familiares y allegados.

Desde la Antigüedad era *vox populi* en muy diferentes culturas la existencia de múltiples entidades sobrenaturales que surgían de la oscuridad para alimentarse de la voluntad y la sangre de los vivos.

De algún modo tan fascinante como revelador, siempre había sido así, desde el origen del hombre, desde el albor del pensamiento. La oscuridad como aliada del mal. La noche como instigadora de lo mágico y cómplice de la perversidad innata en el alma del ser humano. El mundo de lo onírico como refugio de lamias, empusas, estrigas, espectros, íncubos, súcubos, muertos vivientes, anticristos y demás engendros de lo sobrenatural. En efecto, Lilith —la que fuera la primera mujer de Adán— y Lilitu —su precursora, la mítica y original mujer demonio de la civilización mesopotámica— habían creado escuela en el imaginario colectivo con el transcurso de los siglos.

Pero esta vez era diferente. El peligro era real. No simples quimeras de poetas, profetas, filósofos y religiosos. Ahora la gente moría de verdad y el miedo a lo desconocido campaba a sus anchas por los cementerios de media Europa en coalición con el analfabetismo, el autoritarismo exacerbado de la religión y, principalmente, los estragos causados por la maldición de la peste bubónica, enfermedad que mantenía en vilo al Viejo Continente ante la incertidumbre de no saber cuándo y dónde acontecería el próximo brote de fiebre e infección.

Y claro, la superstición comenzó a abrirse paso, recrudeciéndose allí donde la luz de la racionalidad sucumbía ante el luto riguroso de la dama de la guadaña.

Se hablaba de cadáveres que se automutilaban; de cadáveres que se devoraban entre sí; de cadáveres que se bebían la sangre de familias enteras; de cadáveres que, si bien presentaban el *rigor mortis*, jamás se corrompían, y de cadáveres que, al resucitar, solían traer consigo algo de los dominios de la muerte, como enfermedades, plagas, fallecimientos en cadena y malos augurios.

Salvando las diferencias históricas y culturales, el folclore de cada país o región acabaría generando creencias y reglas muy específicas al respecto.

Se empezó a afirmar que había personas más susceptibles que otras de convertirse en futuros «no muertos». Condenados estaban, pues, quienes no hubiesen sido bautizados al nacer, quienes no recibiesen la extremaunción al morir y quienes tuviesen rojizo el color del pelo o los ojos muy claros o, por contra, muy oscuros. Condenados también los suicidas, ya que sus cuerpos no tenían derecho a descansar en un lugar sagrado. Condenados los bastardos, los herejes, las brujas, los depravados sexuales y los adoradores de Satán.

A poco prosperaron multitud de amuletos y procedimientos de lo más variopinto para contrarrestar los ataques de tamañas monstruosidades de la naturaleza. En apenas unas décadas, los dientes de ajo y los crucifijos se convirtieron en ornamentos imprescindibles en la decoración de los hogares de varias regiones de Austria, Hungría, Bohemia, Transilvania, Moldavia, Valaquia, Grecia, Serbia y Polonia. Las rosas silvestres poblaron jardines, jalonaron caminos y senderos, adornaron puertas y ventanas. Y los cementerios, los cruces de caminos y los bosques más alejados se llenaron de cadáveres enterrados bocabajo o decapitados, con las bocas repletas de dientes de ajo y sus corazones atravesados con estacas de madera de pino, fresno, roble o álamo.

Fue en 1611 cuando se inició el juicio contra Erzsébet Báthory, una condesa de la aristocracia húngara que había sido acusada de torturar y desangrar hasta la muerte a seiscientas cincuenta jóvenes vecinas de las aldeas próximas a su castillo de Csejthe, en tierras transilvanas. Erzsébet Báthory, que empezaba a ser popularmente conocida como la Condesa Sangrienta, había adquirido el hábito atroz de bañarse en la sangre de sus víctimas —todas muchachas de extrema belleza— a fin de mantener viva su juventud.

A partir de entonces, la fascinación por la sangre ya no volvería a ser la misma en el acervo europeo: el «vampiro» en su máxima expresión había hecho su aparición en escena y, en esta ocasión, había llegado para quedarse.

El pintor impresionista húngaro Csók Istvá quiso plasmar en un lienzo el terrorífico ritual protagonizado por la condesa Erzsébet Báthory, sentada a la derecha, contemplando la ejecución, por orden suya, de mujeres jóvenes en cuya sangre se bañaría después como elixir de juventud.

LA MODA DE VESTIR DE NEGRO

> «La emoción más antigua y más intensa de la humanidad es el miedo...».
>
> H. P. Lovecraft

> «En ese momento suena la hora lúgubre de los espíritus y entonces, solamente, la joven parece sentirse a gusto. Ávidamente, de sus labios pálidos, ella bebió el vino de un rojo sombrío como la sangre».
>
> Goethe

Nadie, en un principio, dio muestras de apreciar el cambio, la transmutación, pero, de un modo insólito y deliberado, la noche había empezado a formar parte del día. Ni siquiera las mentes más brillantes de la época fueron conscientes de ello.

En las décadas siguientes —en especial durante el último tercio del siglo XVII y la primera mitad del Siglo de las Luces—, proliferaron por docenas los tratados de índole científica y religiosa que daban fe de los distintos episodios y epidemias de vampirismo que habían amenazado Europa a lo largo de su historia.

Casos contrastados como los de los vampiros Pedro Plogojowitz, un campesino húngaro fallecido en el año 1725, y Arnold Paole, esta vez un campesino serbio nacido a la no vida en 1726, fueron objeto de controversia entre investigadores e intelectuales, pero quedaron debidamente registrados para la posteridad.

No obstante, a medida que en muchas regiones de los Balcanes y del este de Europa el mito del vampirismo iba cobrando fuerza y ganando credibilidad hasta arraigar definitivamente en el folclore y el sentir de unos pueblos que jamás habían perdido el contacto con la tierra, las leyendas y la oscuridad de la noche, en Occidente, en cambio, sobre todo en las grandes ciudades, el vampirismo era vapuleado y ridiculizado por el positivismo científico y los teóricos del racionalismo ilustrado para acabar siendo tachado de simple superstición.

Desde un punto de vista antropológico, al menos en la Europa de la Revolución Industrial, la figura del vampiro parecía tener los días contados. El irrepetible mito que había adoptado la virtud de prolongarse en la eternidad de los siglos parecía tocar a su fin bajo la cegadora claridad del Siglo de las Luces.

Pero nada más lejos de la realidad.

Todo lo acontecido hasta entonces —las epidemias, las presuntas resurrecciones, los fallecimientos en cadena, los ajos, los crucifijos, las estacas en el corazón y la muerte como eterna compañera de la noche— no había sido más que el preludio, el germen, la materia prima de la genuina revolución del vampiro: la literaria.

En 1797 sale a la luz el poema *La novia de Corinto*[6], de Johann Wolfgang von Goethe, que apostilla las primeras pinceladas de un movimiento que haría de la muerte,

6 Título original: *Die Braut von Korinth.*

los sentimientos, la rebeldía, la historia, la imperfección humana y de la supremacía de la imaginación sus máximas expresiones de libertad.

Acababa de nacer el Romanticismo: el alma de la novela gótica, la sangre de la literatura vampírica.

El no muerto —en este caso, una bella muchacha hambrienta de emociones que regresa de la muerte impelida por una pasión sin fronteras— es despojado de su apariencia decrépita, de su naturaleza contagiosa, y se erige en sinónimo de juventud, sensualidad y deseo, así como en el perfecto catalizador del «sentimiento» por excelencia, el amor; incluso más allá de la caricia de la muerte, en el lado oscuro y frío de la vida, el amor persiste y triunfa.

Goethe desnuda al no muerto, potencia sus connotaciones poéticas y construye un delicioso sueño que habla de sombras, de soledad, de erotismo y, como es natural, de muerte: el nexo definitivo entre el hombre y la añorada inmortalidad.

Es en abril del año 1819 cuando en Inglaterra se publica *El vampiro*[7], de John William Polidori, relato corto que sienta un precedente en la literatura vampírica escrita en prosa.

El mito se humaniza.

Lord Ruthven acude a fiestas de sociedad, miente con descaro, viaja constantemente, se divierte, juega sin contención, seduce a hermosas jovencitas y vive la vida soñada por los mortales.

---

7 Título original: *The Vampyre.*

La obra es un rotundo éxito de ventas y se traduce a multitud de idiomas. La eclosión del vampiro literario no se hace esperar y se suceden las imitaciones y las adaptaciones teatrales.

Con todo, le siguen en notoriedad *La muerta enamorada*[8], de Théophile Gautier, un cuento publicado en París en junio de 1836 y considerado por un servidor la primera gran obra maestra del género en prosa, y *Varney el vampiro*, de Thomas Preskett Prest[9], que se convierte en un popular folletín de aventuras y terror divulgado por entregas desde 1845 hasta 1847.

Tienen que transcurrir más de dos décadas hasta que, entre diciembre de 1871 y marzo de 1872, en plena época victoriana, sale a la luz por episodios la magistral *Carmilla*, de Joseph Thomas Sheridan Le Fanu, publicada en la revista *The Dark Blue.*

La obra, una *nouvelle* en toda regla, cala rápidamente entre el exigente público inglés, donde el género vampírico vive sus mejores momentos.

La impar condesa Millarca Karnstein, de Estiria, fascina al público con sus oníricas apariciones en mitad de la noche, su sensualidad, sus sobrenaturales e intempestivas transformaciones y una personalidad sibilina que, si bien derrocha candor y dulzura en ciertas situaciones, en otras sobrecoge por su frialdad y cinismo.

---

8 Título original: *La morte amoureuse.*

9 Hay expertos que atribuyen la autoría de la obra a un tal James Malcolm Rymer. Título original: *Varney the Vampire* o también *The Feast of Blood.*

Carmilla, del escritor irlandés Joseph Thomas Sheridan Le Fanu. Ilustración de D. H. Friston para la revista *The Dark Blue.*

Como obra de un ingenioso diablo, la narración destila exquisitez y misticismo a raudales, conjurándose hábilmente con el inconsciente del lector al hacerlo partícipe de un guion tramado de continuos guiños al folclore, a la superstición popular y a la historia.

El *boom* vampírico sigue su curso. La masificación de relatos se hace patente. Se tiende a la monotonía, a la mediocridad y a la repetición de lo idéntico.

Pasan los años, y el interés por la literatura vampírica comienza a dar señales de agotamiento. El reinado del «espíritu gótico» parece estar cada vez más cerca del fin. Es entonces —exactamente, el miércoles 26 de mayo del año 1897, en Londres— cuando sale a la venta, con una tirada de apenas tres mil ejemplares, la primera edición de una original novela de terror cuyo título, tan diabólico como explícito, no deja impasible a nadie.

El autor es casi un completo desconocido para el público. Se habla de un maduro escritor de origen irlandés.

Para bien o para mal, las críticas y las primeras impresiones sobre la citada obra comienzan pronto a formar parte de las tertulias literarias más trasnochadas, mientras que las andanzas del protagonista —un anciano conde vampiro, oriundo de una lejana región del este de Europa todavía envuelta en la superstición y el oscurantismo: Transilvania— se van apropiando gradualmente del insomnio colectivo y de la imaginación de una creciente legión de ávidos lectores.

Lo curioso del texto en cuestión es que hay quienes están dispuestos a otorgarle cierto grado de verosimilitud. Se comenta que el vampiro protagonista no es otro que un sanguinario príncipe valaco del siglo XV. Se rumorea que la trama es verídica y que los personajes principales representan a personas reales. Como si se tratara de un placentero escalofrío, hay quienes, una vez se han zambullido en tales páginas de misterio, parecen adquirir la adictiva necesidad de creer en lo leído, de establecer una base real para los increíbles hechos allí descritos.

En efecto, la eterna disputa, la eterna coalición, entre mito y realidad, entre historia y leyenda, estaba servida de nuevo.

4. VLAD EL VAMPIRO

«Poseía una gran inteligencia, una cultura inusitada y un corazón que no conocía el temor ni el remordimiento. Incluso tuvo la audacia de asistir a las elecciones de Scholomance, y ensayó todas las ramas del saber de su época. Por esto, el poder de su inteligencia ha sobrevivido a la muerte física».

Van Helsing

Retrato de Vlad Draculea, conservado en el castillo de Forchtenstein, Austria.

El espejo ha desvelado la calaña de su reflejo y ahora que la luz es al fin cautiva de la oscuridad, ahora que el incierto destino nos propone una nueva encrucijada en el camino, podemos remontarnos al legítimo principio de esta historia. Allí donde el misterio quedó suspendido en el aire cuatrocientos años atrás, en la frondosidad de un bosque a unos cuarenta kilómetros de Bucarest, aguardando a ser desentramado, deshilado cual tela de araña, recreado con la fiabilidad que se merece.

¡Dejémonos arrastrar por el susurro de las musas, zambullámonos en el negro telúrico de la noche!

La premisa es un guiño a la imaginación, una confidencia de los dioses, una fábula con ínfulas de existencia, el sueño no escrito, jamás contado, de un irlandés visionario…

Y el investigador se pregunta: ¿qué misterios forjan los cuatro siglos que unen la presunta muerte de Vlad Draculea, voivoda de Valaquia, con el nacimiento de *Drácula*, la novela? ¿Hasta qué punto tuvo Vlad Draculea que dar la espalda a su humanidad para convertirse en el longevo, poderoso y calculador conde vampiro que describen los diarios de Jonathan Harker y compañía? ¿Hasta qué punto se adentró el caudillo diablo en los dominios de la parca? ¿Qué lo salvó de una muerte segura? ¿Quizá su asombrosa capacidad de anticipación, quizá su innata e imperiosa obstinación o tal vez su hambre de existencia, de vivir aquella vida digna de ser vivida?

El telón se levanta, y el escenario, el decorado y los actores quedan a merced del público, pero en este caso es el apuntador quien tiene bien amarradas todas las claves.

ACTO I

El bosque iba recuperando su murmurio natural, distante ya el sonido de aceros, arneses y cabalgaduras, cuando Vlad se alzó sobre sus pies con más rabia que aliento, y se puso en marcha, hacia el norte, donde contaban las leyendas que habitaban los demonios.

Había perdido mucha sangre.

La batalla se había convertido en una vil carnicería. Sin embargo, las heridas de guerra que minaban por momentos sus fuerzas y la claridad de sus sentidos, acababan de convertirse en el único motivo de orgullo que le quedaba.

Solo el tajo que le cruzaba el cuello parecía grave, de modo que aceleró el paso al cabo de unas zancadas.

Su sentido de la orientación estaba intacto, conocía aquellos parajes como la palma de su mano y sabía muy bien hacia dónde debía dirigirse para salvar la vida y los arrestos.

Ante él estaban su voluntad, su espada y su arco, y el albor del gélido invierno del año 1476.

Los primeros latidos fueron los peores.

La sensación de frío intenso, la fiebre en ciernes, el sudor a la zaga del cansancio, la dictadura del dolor y, por encima de todo, aquel molesto desabrimiento por no haberse llevado a la tumba a una treintena de otomanos más.

Pero el caudillo diablo no cejó en su huida.

Al borde de la extenuación, se detuvo, ya entrada la noche, a orillas de un recoleto lago cuyas aguas negras dormían entre las penumbras de la foresta.

Se despojó de la cota de malla con sumo cuidado y, en cuclillas, lavó copiosamente aquella herida del cuello que durante horas había taponado con sus propias manos y la ayuda de un jirón de lienzo de algodón, aplicando luego un poco de barro seco y un insólito musgo gris que recogió de la base de una roca cercana.

Rasgó entonces una segunda manga de la camisa y volvió a cubrir la herida. Sin perder un instante, bebió a continuación abundante agua; después, cota de malla ceñida de nuevo al pecho, lanzó una ojeada al monasterio de estilo bizantino que presidía el islote que ocupaba el centro del lago y retomó la marcha sin volver la vista atrás.

Continuó impertérrito hacia el norte.

Siempre hacia el norte, bajo el dosel nocturno, al amparo de Codruii Vlăsiei, el gran bosque.

La sombra de la población de Ploieşti quedó atrás cuatro noches después.

De día permanecía oculto la mayor parte del tiempo, vigilante, recobrando fuerzas y limpiándose las heridas, rumiando la ruta a seguir durante la próxima noche.

Cuando al fin llegaba la oscuridad, salía de su escondrijo de turno y avanzaba mimetizado con las sombras, evitando caminos y aldeas, el instinto en guardia y el arco afirmado permanentemente en la diestra, al acecho de cuantos jabalíes, liebres y conejos le salían al paso.

Para no levantar sospechas de su presencia, comía cruda la carne de las piezas que cazaba y despellejaba.

Al cabo de luchar cada bocado durante días, se acostumbró al regusto a sangre de la carne cruda y empezó a dejar de echar de menos la caricia del fuego.

El hambre se había convertido en su gran aliada la madrugada que alcanzó la cara sur de los Cárpatos meridionales.

ACTO II

«Transilvania, tierra de penumbras. Transilvania, tierra de sangre y artes oscuras…».

No era la segunda ni la tercera vez que Vlad Draculea se dirigía hacia el principado transilvano con la intención de buscar refugio o de pasar desapercibido. Quizá porque aquella era la tierra en que nació, jamás había podido arrinconarla en sus pensamientos.

Allí, en Transilvania, había aprendido con posterioridad que existían muchas formas de vivir y de interpretar la existencia. La humanidad nunca había sido el único camino.

Tuvo ocasión de presenciar el milagro con sus propios ojos, con la ambición de la juventud, con la certeza de los años, durante el despertar de una inequívoca inquietud.

Ahora, mientras su barba crecía y su aspecto de ermitaño era cada vez más patente, flotaban en el recuerdo del destronado voivoda aquellas enseñanzas recibidas en el colegio de esoterismo y magia negra del lago Sibiu: debía crear su sed, perseguir su futuro, robarle la virtud al destino, durante noches que se convertirían en semanas, durante meses que probablemente se traducirían en años, y estos, a su vez, en décadas hasta hacer de la sangre el más preciado de los alimentos.

Tenía mucho tiempo libre por delante. El suficiente para un hombre con nombre y alma de diablo.

Al llegar a las proximidades de los montes Bucegi —al sur de la ciudadela de Braşov, lejos de las comodidades del castillo de Bram—, decidió hacer un alto en el camino. Un alto en el camino que abarcaría la friolera de ciento veinte años, con sus días y sus noches.

El tiempo justo para volver a nacer.

Vlad Draculea halló la motivación que buscaba en aquellos bosques sembrados de abetos y hayas.

Aquella inaugural noche en tierras transilvanas dio caza a un enorme oso pardo, cuya piel procedió a transformar en una espléndida capa con que cubrirse y desafiar a los inviernos venideros.

Sabedor de la presencia de centenares de lobos, osos, zorros y linces en los bosques de la zona, esa misma madrugada se instaló en una cueva situada idóneamente en la cima de un escarpado y rocoso promontorio de difícil acceso. La cueva, de embocadura estrecha y escasa profundidad, le proporcionó un refugio seguro, confortable y fácil de defender ante los posibles ataques de la fauna local.

Las primeras nieves se desplomaban sobre los bosques de Bucegi, no bien entrado el año 1477, cuando Vlad Draculea comenzó a incluir en su alimentación los beneficios de la sangre animal. Al principio, fueron apenas unas gotas, un lametón de soslayo de cuando en cuando, a veces al filo ensangrentado de su espada, a veces a las flechas que usaba para cazar, aunque saboreaba lo lamido con grandes dosis de interés y curiosidad. Ya en el umbral de la primavera, bebía en caliente; un buen trago después de matar, para honrar y calibrar la carne que sin dilación degustaría.

Montes Bucegi (Braşov, Romania), refugio de Vlad Draculea.

En ciernes el otoño de aquel año de soledad, el líquido vital se erigió en el eje de su nutrición diaria. Contra todo pronóstico, a principios del siguiente año el sabor de la carne era ya pasto del olvido.

Vivir se convirtió a partir de entonces en un verbo de culto. El hábito de la sangre le descubrió un mundo y una época que creía haber olvidado: la juventud.

En las décadas siguientes, sus huesos se fortalecieron y su tejido muscular aumentó a medida que sus instintos se adecuaban a las nuevas circunstancias. Sus reflejos se incrementaron y se hizo patente su resistencia al cansancio físico. Obtuvo la fuerza de veinte hombres juntos, la agilidad y velocidad de un tigre, una constitución física digna de un semidiós y la destreza suficiente para hacer frente —con sus propias manos— a una manada de lobos o incluso media docena de osos.

Paralelamente, sus sentidos se amplificaron. Actos como explorar el paisaje en la lejanía, escuchar las diferentes voces que traía el viento, respirar el oxígeno pintado de verde y de humedad, sentir la firmeza de la tierra bajo las plantas de los pies, el roce de la lluvia y de la brisa en la piel, y saborear cada noche el líquido rojo, se convirtieron en una adicción.

Esta vez su condición de diablo no tuvo nada que ver en ello, solo el animal que llevaba dentro y su obstinación.

Vlad olfateó la foresta a su alrededor.

El último relumbre del atardecer se retiraba en el horizonte, mas el viento anunciaba compañía.

Se deslizó ladera abajo hasta apostarse al borde de un prominente risco y oteó la vereda que serpenteaba la montaña a unas seiscientas o setecientas varas de distancia.

Al cabo de unos latidos, el lento discurrir de una caravana de mercaderes sajones afloró tras uno de los muchos recodos que salpicaban el angosto camino.

Vlad resopló.

La curiosidad lo había arrastrado hasta allí, pero en aquel momento era incapaz de sentir otra cosa que no fuese repulsión y desprecio ante la visión de aquellos hombres. Tras unos sonoros latidos de desconcierto, como si una fuerza invisible tirase de él, se giró sobre sus pasos y se sumergió de nuevo en la espesura…

Evitaba a los humanos como si fuesen una enfermedad.

Las enseñanzas recibidas en la escuela de Scholomance habían sido bastante categóricas al respecto: alimentarse de sangre humana exigía vivir en civilización y exponerse a las leyes que regulaban las vidas de los hombres.

De momento, Vlad Draculea no quería cuentas con su especie. Su esposa e hijos, que habían quedado a salvo en la ciudadela transilvana de Sibiu, tampoco volverían a saber nada de él.

Era ambicioso, por supuesto. Empero ahora la muerte lo rehuía y jamás se había sentido tan confiado, tan pleno de vida y de poder. Ni siquiera echaba de menos la compañía de una mujer; pese a que sabía de la existencia de algunas féminas de espíritu libre que, como él, se habían iniciado en el sendero de la sangre.

De hecho, ya no se consideraba a sí mismo un ser humano. Solo un demonio de carne y hueso: un hombre vampiro que adoraba escuchar los cantos de los lobos en las medianoches de luna llena, un hombre vampiro que estaba orgulloso de lucir sus lanceadas uñas, su larga cabellera negra y sus cada vez más prominentes colmillos, y sí, un hombre vampiro capaz de plantarle cara al más grande y prepotente de entre los dioses de los hombres.

Una noche de otoño a finales del siglo XVI, Vlad Draculea sintió que miraba, respiraba, escuchaba y reía por primera vez tras llenarse el estómago y embriagarse el alma con la sangre de un espléndido ejemplar de oso pardo de quinientos kilos.

En ese preciso instante tuvo la certeza de que la fuerza del viento, el poder fulminante del rayo, la furia purificadora de la lluvia, e incluso la potestad creadora de la Madre Tierra, se unirían en el futuro a su causa y sed de subsistencia.

Aquella noche Vlad Draculea se puso en marcha de nuevo, hacia el norte, donde cantaban las leyendas que habitaban los demonios desde tiempos inmemoriales.

Avistó la silueta negra de Sighişoara —una población que ya no significaba nada para él— dos noches después. Y continuó impertérrito su vereda, la oscuridad como aliada y sin permitirse abandonar durante un solo latido el abrazo de los bosques, tal y como había hecho durante los últimos ciento veinte años.

Tocaba a su fin la madrugada de la tercera noche tras su partida de los montes de Bucegi, el cielo todavía amenazaba rojo, cuando cruzó el collado de Borgo[10].

10 En rumano: Pasul Tihuţa.

ACTO III

> «El lugar mismo donde ha vivido como no muerto durante tantos siglos está lleno de rarezas geológicas y químicas; allí hay cavernas tenebrosas, fisuras que conducen a lugares ignorados, antiguos volcanes cuyos cráteres todavía sueltan aguas de propiedades extrañas, gases que matan o vivifican. Ciertamente, hay algo eléctrico o magnético en algunas combinaciones de las fuerzas ocultas que trabajan de manera sorprendente en beneficio de la vida física».
>
> Van Helsing

El vampiro llamado Vlad oteó el vasto paisaje que se extendía ante él, entre las abruptas montañas.

Los bosques de Bârgău, por fin.

Sonrió levemente, aunque saboreando tan insignificante ademán. *A posteriori*, inspiró atenta y profundamente.

El viento reafirmó en el acto sus sospechas, proporcionándole la confirmación de que ni una sola gota de sangre había sido derramada en vano desde que aquel invierno de emboscadas decidiera decirle adiós a toda una vida entregada al destino de una nación.

Sí. Ahora que todos sus enemigos yacían bajo tierra, ahora que los doctos de medio mundo no solo maldecían en su nombre, sino que habían conseguido reducir su heroico legado a una serie de atrocidades con las que limpiar la versión oficial de la historia, ahora, irónicamente, tenía una nueva oportunidad.

Centró por entero su atención en el fabuloso castillo que se encaramaba sobre un colosal peñasco al borde del desfiladero que tenía ante sí, cuya pronunciada verticalidad parecía diluirse engañosamente en la inmensidad de la foresta.

Recordó entonces aquella breve conversación mantenida catorce décadas atrás con uno de sus lugartenientes de confianza:

—El asunto debe ser llevado con la máxima discreción.

—Como ordene.

—No quiero distracciones.

—Así se hará…

—¿Y?

—Disculpe, mi señor. Pero, una vez construido, ¿no será complicado de…?

—Todo está previsto.

—En ese caso, a sus órdenes.

—Se cumpla mi voluntad.

Y se cumplió. Un castillo surgió de la nada en un entorno recóndito y salvaje.

Y en este momento, su afilado olfato de vampiro le indicaba que unos desconocidos, unos usurpadores, unos ladrones de tres al cuarto, ocupaban la propiedad que desde antaño le pertenecía.

El vampiro llamado Vlad prorrumpió en una sonora carcajada que reverberó a lo ancho y hondo del agreste desfiladero. Desde su punto de vista, el problema tenía fácil solución.

La noticia de que había un nuevo señor en el castillo de Bârgău no tardó en difundirse por toda la comarca.

Nada más se supo del arrogante y lujurioso barón Losberg III y de su nutrida progenie. Como si a sus sombras —incluidas las de criados y lacayos— se las hubiese tragado la tierra.

El nuevo propietario del castillo y de los bosques vírgenes que lo circundaban respondía al nombre de Drácula y a los títulos de conde y caballero de la Orden del Dragón. En realidad, decían, se trataba de un excéntrico aristócrata procedente de tierras lejanas, probablemente del sur, que tenía fama de codearse con gitanos y mujeres de dudosa reputación y que, al parecer, había adquirido la afición de alimentar a los lobos de toda la región.

Nadie, en cambio, manifestaba haber contemplado su rostro o escuchado el timbre de su voz.

Los aullidos se elevaban hacia el cielo nocturno, solemnes, libres bajo el haz de la luna llena.

Hipnotizado por la emoción, Vlad se alejó de la compañía de la manada y, de un prodigioso brinco que abarcó ocho varas de terreno, se internó en la espesura.

La negritud de la foresta ocultó la feroz versatilidad de su avance hasta que, un instante y varios kilómetros después, se detuvo en seco a orillas de un manantial de aguas plateadas, que discurría quedamente entre los abetos, montaña abajo.

El instinto a flor de piel, Vlad se acuclilló y repasó mentalmente el plan a seguir.

Había llegado el momento de la verdad, se dijo. Sabía lo que tenía que hacer. Tenía el talento y la osadía, y aquel era un lugar tan bueno como cualquier otro para intentarlo. En realidad, no conocía un lugar mejor.

«La tierra es vida», repitió en voz baja, para sus adentros. «La tierra es la diosa madre. Todo nace y todo vuelve a ella. Una y otra vez. Hasta el infinito».

Hincó entonces las rodillas en la tierra y cavó con rapidez sobrehumana, sus dedos desmenuzando con facilidad la quietud de la arcilla humedecida. Cuando consideró que había suficiente espacio para sus propósitos, se recostó a lo largo de la oquedad y, cual mortaja, procedió a cubrirse de tierra.

Empezó por los pies y prosiguió con las piernas, la cintura, el torso y los hombros. Luego contuvo el aliento, cerró los ojos e hizo lo propio con el rostro. En último lugar, los brazos, que hundió lentamente en la tierra arenosa y reblandecida.

Entonces, y solo entonces, la oscuridad fue absoluta y el silencio colmó sus oídos.

La noción del tiempo se desvaneció. Quedó únicamente el eco de su corazón, reducido a la mínima expresión, y el frío y la soledad, cada vez más persistentes.

Lo más parecido a estar muerto.

Pero debía esperar, aguantar, convertirse en tierra, en humus, en pasto de gusanos y alimañas, aun a sabiendas de que pronto haría aparición la sed, a pesar de que la necesidad de tensar los músculos y de regresar al mundo exterior se haría insoportable.

En un momento dado, quizá un par de noches o una semana después, sucedió.

La voluntad del vampiro se impuso entonces.

La mente en negro, Vlad se abandonó voluntariamente al regazo terroso de su improvisado ataúd y se entregó por completo a la oscuridad que acorralaba su ser. Poniendo en práctica las enseñanzas recibidas años atrás en la escuela del lago Sibiu, se concentró en calmar su sed con las moléculas de agua que construían su corporeidad. Se concentró en atrapar las escasas partículas de oxígeno que todavía se colaban por las ventanas de su nariz. Y se concentró en calentarse con el reiterativo compás de su testarudo corazón.

A medida que de alguna forma lo conseguía, su conciencia comenzó a enraizar en el entorno, a adaptarse, a ser una parte imprescindible de aquella oscuridad sólida e imperturbable.

Acto seguido, comenzó a expandirse, como las sombras de una noche sin luna.

Percibió entonces el pulso de la vida fluyendo por doquier, dentro de él, a través de él; pura energía vital: minúscula, primordial, dadivosa, rapaz, sempiternamente metamórfica, eternamente hambrienta, siempre inquieta y plural.

Sintió cómo la montaña le susurraba al oído sus secretos y por qué los vastos bosques que se extendían a su alrededor continuaban insistiendo en tocar el cielo desde el albor de los tiempos.

Pero la conciencia de Vlad no se detuvo ahí. Continuó ahondando en la subterránea negritud sin fondo hasta dar con la luz que buscaba. Y, en efecto, la halló.

El latido del planeta. El calor primero.

En ese momento, su corazón se encendió como nunca antes había ocurrido. Su piel se estremeció y la sangre le hirvió literalmente en las venas. Supo entonces que lo había conseguido: suyo era el poder de la tierra.

ACTO IV

A raíz de aquello, ningún imposible quedó fuera de su alcance.

Contraviniendo las leyes de la física y la lógica más elementales, Vlad Draculea empezó a comunicarse con el resto de los elementos, y, al cabo de unas pocas semanas, el viento, la lluvia y el rayo eran ya una prolongación de sus sentidos.

Aprendió también el lenguaje de los lobos.

Durante el proceso, bebió la sangre de muchos y se erigió en el líder de todas las manadas que poblaban los bosques de Bârgău, para finalmente, tras casi dos siglos de convivencia, ser capaz de metamorfosearse en un espléndido espécimen de lobo transilvano durante la última luna del revolucionario año de 1789; habilidad que en breve hizo extensible a otras especies animales.

A un tiempo, se aleccionó y se ejercitó en el insólito arte de la hipnosis, muy útil para influir en la percepción de testigos indeseables y de posibles enemigos, así como para distorsionar exponencialmente el alcance de sus crecientes poderes.

Nada ni nadie se interpuso nunca en su proyecto vital.

El irrefrenable demonio vampiro en que Vlad Draculea se había convertido no lo permitió.

Él mismo, valiéndose de diferentes personalidades, se encargó de inventar, recrear y propagar multitud de leyendas y calumnias sobre su persona a fin de mantener alejados de sus posesiones a los habitantes de las poblaciones cercanas.

Sin embargo, la estrategia no tuvo idéntico efecto para con los miembros de su ancestral especie.

Una medianoche de invierno de principios del siglo XIX, Vlad Draculea halló a una joven moldava escondida bajo la arcada del patio frontal de su castillo.

La muchacha, de ojos negros y cabellos nocturnos, no solo aparentaba tener menos de veinte primaveras, sino que le sonrió de un modo que ya había empezado a creer que jamás volvería a contemplar. Su nombre era Elisbeth y, si bien la muchacha tenía debilidad por la sangre de adolescentes, nobles y ricachones, estaba tan sola en el mundo como lo estaba él.

En los años siguientes, dos nuevas mujeres se presentaron a las puertas del castillo en busca de refugio. En ambos casos, la intervención de Elisbeth fue crucial: parecía tratarse de un capricho necesario al calor de sus peligrosas y muy puntuales incursiones en el mundo de los humanos. La primera en llegar fue Ariadjna de Sibiu, una curtida vampiresa de ascendencia valaca y mirada aquilina que había sido acusada de perpetrar centenares de crímenes en los territorios húngaro, polaco y alemán. Siete años después, apareció Petrila, natural de Sighişoara, una mujer de carácter, también una prófuga de la justicia, al igual que sus compañeras, y poseedora de una belleza extrema, a juego con el rubio platino de sus revoltosos cabellos.

En cierto modo, la compañía de aquellas tres mujeres

vampiro supuso un punto de inflexión en el devenir de Vlad Draculea, al menos durante un tiempo.

Aquellas tres almas que, como él, parecían haberse librado definitivamente del yugo de la civilización, fueron un eficaz revulsivo contra su autoinducida soledad. Se sucedieron a continuación varias décadas de amor desenfrenado, de locuras y libertades compartidas, y de sucesivas cacerías en grupo.

No obstante, el destino elegido por Vlad Draculea siguió su curso, tal y como había sido planeado de antemano. La humanidad continuó siendo una extraña para él hasta que, una noche de mediados del otoño del año 1889, todo cambió de la manera más sencilla y sincera que un vampiro de ley pudiese llegar a concebir.

Esa noche, Vlad experimentó el irrefrenable impulso de extender su coto de caza más allá de los límites de los bosques de Bârgău.

Esa noche, el vampiro que poseía su espíritu vagabundeó sin rumbo fijo por las calles de Bistriţa hasta que sus ojos de lobo hambriento se posaron en el cuello de una exuberante y lozana prostituta que caminaba sola, acompañando a la oscuridad.

Lejanas ya las enseñanzas de la escuela de Scholomance, prisionero de su avidez, esa noche Vlad Draculea bebió sangre humana por primera vez…

Apenas una semana después, volvió a caer en la tentación.

La desafortunada en esta ocasión fue la hija adolescente de un noble de Suceava. Tras el suceso, nada más se supo de la linajuda joven. De ella tan solo quedó su recuerdo y el incierto rumor de que un enorme murciélago había estado acechando sus aposentos momentos antes de su extraña y súbita desaparición.

Habladurías aparte, aquel nuevo saludo a las virtudes del fruto prohibido supuso para Vlad Draculea toda una confirmación.

No en vano, la sangre animal era mucho más poderosa y segura a largo plazo, pero el sabor de la hemoglobina humana no ofrecía comparación para un vampiro habituado al estudio del preciado líquido vital durante siglos. Sobre todo si se trataba de la sangre de una hembra humana, como era el caso.

En siete ocasiones Vlad Draculea se dejó llevar por la tentación y en siete ocasiones se vio obligado a eliminar las huellas de su delito entregando los cuerpos sin vida de sus víctimas a las diferentes manadas de lobos que tenían su hogar en los bosques de Bârgău.

Como era de suponer, la sombra de la superstición no tardó en imponerse a un lado y otro de los Cárpatos, donde el oscurantismo había campado a sus anchas durante cientos de años.

El terror se apoderó de las noches. Las sospechas empezaron a prosperar con el albor de cada nuevo día.

Ya en el umbral de la primavera del año 1890, Vlad Draculea comprendió que cuatro siglos y medio de edad en las venas no eran razón suficiente para darle la espalda a otra aventura.

Un comienzo. Un nuevo zarpazo al destino.

En el fondo, por primera vez en muchísimo tiempo sentía curiosidad. Simple y llana curiosidad por esa singular monstruosidad de la naturaleza a la que llamaban «civilización».

ACTO V

Precedido por un silencio sepulcral, Drácula se adentró en la atmósfera vetusta y polvorienta de la biblioteca. Tomó asiento ante el escritorio de madera de roble en el que últimamente solía sumergirse en interminables lecturas y cogió pluma y papel.

Sonrió con malicia antes de escribir lo siguiente:

Estimado Mr. Peter Hawkins:

Me complacería contratar los servicios de su prestigioso bufete de abogados a fin de llevar a cabo con ciertas garantías legales la compra de algunas propiedades en su bello país. Inglaterra, estandarte del progreso y de la modernidad, es una tierra que me ha cautivado en los últimos tiempos, mas todavía me considero un profano en lo referente a sus costumbres, el idioma y el correcto proceder entre caballeros. ¡Transilvania es tan diferente de Inglaterra, tan lejana en el tiempo y en el espacio! ¡Tan diferente en sus gentes! Perdone el atrevimiento, amigo mío. Mas confío en que, como buen inglés, sabrá disculpar los delirios cosmopolitas de un anciano conde al que los achaques de la edad empiezan a pasarle factura y con frecuencia le impiden valerse por sí mismo.

En espera de una pronta respuesta, reciba un cordial saludo.

Afectuosamente suyo,

D.

5. STOKER

«Existen misterios que el espíritu solo entrevé y que los siglos, uno tras otro, solo aclaran en parte. Créame, nos hallamos en presencia de uno de esos misterios y tal vez encontraremos la llave. Bien, prosigo con su permiso. ¿Puedo cortarle la cabeza a Lucy?».

Van Helsing

Abraham Stoker, creador de la novela *Drácula*.

EL ESCRITOR INVISIBLE

Un niño escucha la voz cadenciosa de su madre. Una voz dulce y amable que le habla de fantasmas, de seres fabulosos y de maldiciones que despiertan con la oscuridad de la noche.

La estancia, aunque hogareñamente acogedora, permanece en penumbras mientras el bramido del viento se despliega impunemente al otro lado del visillo de la ventana, en el lejano mundo del exterior, que semeja un sueño inventado, un espejismo de emociones y de aventuras, pero el niño no desvía un ápice la atención de la voz que mantiene hipnotizados sus pensamientos.

Cada palabra, cada gesto y cada entonación son absorbidos por su intelecto e inmediatamente reinterpretados para construir una secuencia de imágenes sensitivas que no entiende de límites: la inevitable huella o consecuencia forzosa de una melodía narrativa que ha quedado registrada para siempre en los entresijos de su imaginación.

Cada medianoche, cuando el niño se queda en compañía de sus pensamientos, vuelve a revivir lo escuchado.

Las imágenes se pueblan de elementos góticos, de criaturas tan horribles como extraordinarias, de sonidos ancestrales que brotan en la periferia de la realidad, de luces que jamás se encienden y, sobre todo, las imágenes se pueblan de sombras.

La noche se enriquece por defecto y la oscuridad luce su negro más absoluto.

Los espectros se saben libres y arrastran sus pesadas cadenas, los muertos escapan de sus tétricas y telarañosas tumbas, y los vampiros danzan en el baile de la vida y la muerte...

Clontarf, a las afueras de Dublín, Irlanda, a mediados del siglo XIX.

No hay duda de que Charlotte Thornley, la madre de Bram Stoker, puso la primera piedra.

Ella y nadie más que ella dio alas a la imaginación de su hijo durante los años en que este se vio obligado a permanecer postrado en cama, incapaz de ponerse en pie, sin poder relacionarse con otros niños, presa de una singular enfermedad que le impedía caminar.

Hasta los siete años de edad estuvo encerrado en su particular ataúd, sin más escape que la transparencia de la ventana de su habitación y aquellos crepusculares cuentos del folclore irlandés sobre espíritus y hadas bebedoras de sangre —las llamadas *banshees*—, e historias sobre la hambruna que había padecido Irlanda a mediados de la década anterior, y los cientos de personas que habían sido enterradas vivas durante la epidemia de cólera que había asolado el condado de Sligo durante la niñez de su madre, de donde ella era natural.

Tal es la importancia de este episodio en la vida del joven Bram Stoker que no es exagerado pensar que, sin su vivencia, sin aquella inaugural llamada de las sombras, es muy posible que *Drácula*, la magistral novela, jamás hubiese sido escrita, al menos en los términos en que la conocemos.

Quizá el bueno de Stoker ni siquiera hubiera sentido la necesidad de dedicarse en cuerpo y alma a la literatura y al teatro, que fueron sus dos grandes pasiones.

«Somos aquello que mamamos», habría añadido frugalmente el egregio psicoanalista Sigmund Freud.

De cualquier modo, con el paso del tiempo, la salud del joven irlandés mejoró milagrosamente. De repente, y para sorpresa de doctores y familiares, aquella extraña debilidad de índole asmática que había coartado su libertad durante años se evaporó como por ensalmo y la vida comenzó a sonreírle. No obstante, si bien las últimas etapas de su infancia y la inevitable irrupción de la adolescencia supusieron una apertura a un mundo pleno de juegos, paseos, carreras, amigos, amigas y, sobre todo, de nuevas experiencias, su desbordante imaginación ya estaba destinada a vivir mil y una vidas.

El escritor que vivía en él ya estaba condenado a perseguirse a sí mismo, hasta el instante de su muerte.

Y la vida continuó su curso.

En el año 1864, Stoker ingresó en el Trinity College de Dublín, donde se convirtió en un excelente atleta y en un gran admirador de la poesía de Walt Whitman. También fue nombrado presidente de la Sociedad Filosófica Universitaria, licenciándose en Literatura, Historia, Física y Matemáticas en 1870.

Siguiendo entonces el consejo de su padre, Abraham Stoker sénior, se incorporó como funcionario público al personal del castillo de Dublín. Un año después, comenzaría a emplear buena parte de su tiempo libre como crítico teatral para el *Dublín Evening Mail.*

Durante el día, Stoker llevaba una vida normal. Su trabajo, su familia, su afición por el teatro, sus amistades y sus coqueteos con las chicas del lugar parecían colmar, a ojos de quienes lo rodeaban, su apacible y modélica existencia. Las noches, en cambio, eran otro cantar. En esos momentos, el soñador indomable salía de su escondite y, armado de pluma y papel, se apoderaba de la personalidad de aquel irlandés engañosamente tranquilo y corriente.

Así, en 1872, publicó su primer relato, *La copa de cristal*[11], en la revista *London Society*. Volvería a la carga en 1875 con tres relatos más, publicados por entregas en *The Shamrock*, una modesta revista dublinesa de escasa difusión. Stoker empezaba a hacerse un pequeñísimo hueco en el siempre difícil mundo editorial. Sin embargo, sería el teatro el que le proporcionaría su gran oportunidad.

Merced a una acertada crítica sobre una representación de *Hamlet* de Shakespeare en Dublín, Stoker fue presentado en 1876 al popular actor Henry Irving, con el que inició una gran amistad.

Henry Irving, toda una celebridad en la época, conectó desde un primer momento con la brillante personalidad de Stoker.

Una cosa llevó a la otra y, a finales de 1878, Henry Irving le brindó a su buen amigo irlandés la posibilidad de trabajar a su lado como su secretario y representante, además de hacerse cargo de la dirección y administración del Lyceum Theatre de Londres.

11 Título original: *The Crystal Cup*.

Retrato de Henry Irving, para quien Bram Stoker trabajó como su representante.

Stoker, que por aquellas fechas acababa de casarse con la bella Florence Balcombe —el gran amor de su juventud—, no se lo pensó dos veces para despedirse de su trabajo como funcionario en el castillo de Dublín y trasladarse a vivir a la capital, junto con su flamante esposa, con el fin de convertirse en la mano derecha del carismático actor, un hombre al que admiraba personal y profesionalmente.

El joven matrimonio no tuvo problemas para integrarse en los círculos sociales londinenses, y, al cabo de un año, nació el primer y único hijo de la pareja, Noel.

Stoker, por su parte, era muy consciente de que emprendía un importante capítulo en su vida. Y estaba dispuesto a encararlo con la mayor dedicación. De modo que se entregó en cuerpo y alma a la compleja misión de gestionar una institución tan prestigiosa como el Lyceum Theatre y a facilitarle las labores profesionales a su amigo Irving.

No obstante, pese a que su nuevo trabajo le exigió todo eso y mucho más, pese a que las continuas giras de la compañía de teatro le robaron más tiempo del que hubiese deseado, pese a que ejercer de representante de una figura tan relevante como Irving significaba comprometerse de pleno con la intensa vida nocturna londinense, jamás renegó un solo instante de su condición hondamente literaria.

Frecuentemente, con la llegada de la oscuridad cerrada y sin parangón de la medianoche, Stoker arañaba tiempo al tiempo y daba rienda suelta a sus ángeles y demonios interiores, a la sombra de actuaciones, escenografías, ensayos y cenas de trabajo, a espaldas de papeleos, contratos y facturas, al relumbre de innumerables compromisos profesionales y de aquella intensa y nocherniega vida social.

En 1881, publicó una colección de cuentos de fantasía para niños, titulada *El país del ocaso y otros cuentos inquietantes para niños*[12], a la que siguieron obras como *A Glimpse of America*, un texto de no ficción publicado en 1886, que versaba sobre las andanzas de la compañía de teatro durante una gira en el citado país, y la novela romántica *The Snake's Pass* en 1890.

Después de todo, como se comprobaría en muchos de sus relatos y novelas posteriores, la trayectoria litera-

12 Título original: *Under the Sunset.*

ria de Stoker se iría consolidando año tras año, aunque, honrando la verdad, sin levantar demasiadas pasiones entre los críticos del gremio y sin más pretensión que la de seguir a pies juntillas algunos de los preceptos y convencionalismos ya rentabilizados hasta la saciedad por el común de la industria editorial de la época victoriana: héroes que destilaban masculinidad, mujeres hermosas pero casi siempre desvalidas, romances y aventuras que incluían los acostumbrados elementos exóticos, las habituales pinceladas góticas y/o sobrenaturales, los consabidos finales felices, etcétera.

En efecto, Stoker todavía no había sido capaz de demostrar sobre el papel su indudable carácter como escritor. Dicho de otro modo, aún no había sido capaz de intuir y atrapar el argumento y los personajes que automáticamente lo convertirían en un autor de renombre.

Todo eso, sin embargo, comenzó a cambiar una crucial noche de insomnio y pesadillas —una noche a medio camino entre la historia y la leyenda—, en que el sueño y la vigilia, lo lógico y lo ilógico, la vida y la muerte se confabularon de forma prodigiosa en la mente de un escritor que de repente necesitaba sentir algo más.

Aquella noche, un relato oscuro como boca de lobo, tétrico como el interior de una tumba, comenzó, literalmente, a cobrar vida en la imaginación de Stoker.

Una relato que hablaba de cementerios, de sombras que se deslizaban en la tiniebla y de supersticiones ancestrales que afloraban bajo la luz pálida de la luna.

Un relato cuyo protagonista era un siniestro conde vampiro que codiciaba la sangre de los vivos.

CUANDO STOKER ENCONTRÓ A VLAD

Los genios están llamados a buscarse. Condenados a mirarse; reflejados los anhelos de unos en la brillantez de los otros.

Hacía bastante tiempo que Stoker conocía la obra de su compatriota Sheridan Le Fanu.

Años atrás, se había sumergido en la lectura de *Carmilla* —la sugerente y sibilina *nouvelle* vampírica publicada entre diciembre de 1871 y marzo de 1872, como ya vimos en el capítulo tres— y había quedado fascinado, como lector y como escritor, por la narración plasmada en aquellas páginas de ensueño. Tanto era así que aquella recurrente lectura inspiraría en un futuro su personaje de la condesa Dolingen de Gratz, la mujer vampiro aparecida en el relato *El invitado de Drácula*[13], el capítulo que inicialmente, en un primer borrador, iba a dar comienzo a la acción de *Drácula,* la novela.

Por supuesto, Stoker conocía muy bien el famoso relato de *El vampiro* de John William Polidori y las aventuras de *Varney el vampiro* de Thomas Preskett Prest, así como otras muchas obras célebres y no tan célebres del género gótico-vampírico.

13 Título original: *Dracula's Guest.*

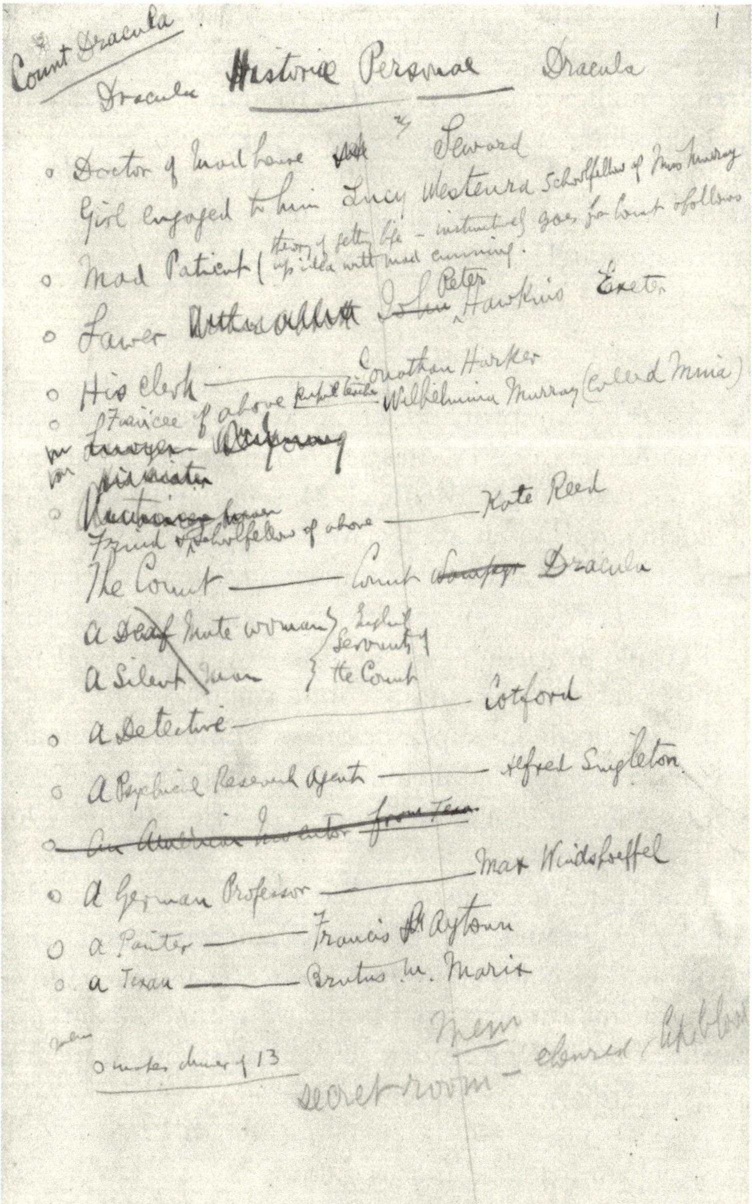
Count Dracula
Dracula Historiae Personae Dracula
Doctor of Mad house Seward
Girl engaged to him Lucy Westenra Schoolfellow of Miss Murray
Mad Patient (theory of petty life – instinct of goes for Count & follows up idea with mad cunning.
Lawyer Peter Hawkins Exeter
His clerk — Jonathan Harker
Fiancee of above pupil teacher Wilhelmina Murray (called Mina)
Friend & Schoolfellow of above — Kate Reed
The Count — Count Dracula
a Mute woman } Silent Servants of the Count
a Silent man
a Detective — Cotford
A Psychical Research Agent — Alfred Singleton
A German Professor — Max Windshoeffel
a Painter — Francis Aytown
a Texan — Brutus M. Marix
dinner of 13
secret room

Algunas notas escritas del puño y letra de Bram Stoker
en el proceso de creación de su novela *Drácula*.

Siempre le habían atraído aquellas historias macabras sobre seres sedientos de luz y sangre, pero no había sido hasta aquellos años de actividad frenética, de giras y repetidas salidas nocturnas —corría por entonces el albor de la última década del siglo XIX— que sintió la necesidad de ofrecer todo su talento como escritor al servicio y gloria de aquel atractivo género.

Es un hecho comprobado, a tenor de las ciento veinticinco páginas de notas escritas a mano que en la actualidad se conservan en el Rosenbach Museum and Library de Filadelfia, que ya en la primavera de 1890 Stoker había comenzado a realizar sus primeras investigaciones para preparar la novela que se convertiría en su obra maestra.

El título provisional de la misma era *The Un-Dead*, y el nombre de su protagonista, conde Wampyr.

El estudio de las supersticiones y el folclore ocupaba su tiempo libre y, paralelamente, había empezado a experimentar un creciente interés por el ocultismo y los temas esotéricos.

Prueba de ello era su notable afición a frecuentar los ambientes herméticos de la sociedad secreta de la Golden Dawn, círculos en los que conocería al mítico filólogo y orientalista de origen húngaro Arminius Vámbéry, profesor de la Universidad de Budapest, quien jugaría un papel relevante en su investigación.

No en vano, el mundo de la noche había tocado fondo en el alma del escritor irlandés.

Más que nunca, Stoker estaba decidido a perseguir hasta el final su instinto literario. Sentía que caminaba en la dirección correcta. No obstante, de momento, los potenciales argumentos y las escenas «autoconclusivas» se barajaban en su mente como piezas de un rompecabezas que no acababan de encajar.

Fue entonces, en el curso de aquellas arduas investigaciones, cuando un nombre llegó a él.

Se trataba del nombre de un diablo.

Mucho se ha publicado a partir de este punto, y, aunque no podemos establecer el contexto exacto donde se produjo el hecho en sí, sí que sabemos que este indudablemente se produjo.

Conocemos por Stoker —ya que dejó constancia de ello en su libro *Personal Reminiscences of Henry Irving* (1906), el que fuera su mayor éxito editorial en vida— que, unos meses antes de las vacaciones que aquel verano de 1890 disfrutó junto a su familia en Whitby, en la costa de Yorkshire, se reunió con el profesor Arminius Vámbéry al menos en una ocasión.

¿Salió a relucir en aquella conversación el nombre de Vlad Draculea o quizá afloró en reuniones posteriores?

De lo que sí tenemos certeza es de que fue Arminius Vámbéry quien, antes o después, puso a Stoker al corriente de las andanzas del voivoda valaco proporcionándole abundante documentación, como así dejó reflejado el escritor irlandés para la posteridad en el texto de *Drácula*, en boca del personaje del profesor Van Helsing.

Completaría esa información con la lectura de *La tierra más allá del bosque*[14] (1988), obra de la escritora británica Emily Gerard, y con repetidas visitas a la biblioteca

14 Título original: *The Land beyond the Forest.*

del British Museum de Londres, donde tuvo acceso a diversas publicaciones herederas de los morbosos manuscritos alemanes, aquellos que, como vimos, le inventaban maldades al voivoda.

Hay fuentes, en cambio, que defienden que fue durante aquel verano en Whitby cuando Stoker tropezó por vez primera con el nombre de Vlad Draculea, al tomar prestado de la biblioteca pública de dicha población un libro titulado *Una relación de los principados de Valaquia y Moldavia*[15] (1820), obra de William Wilkinson, donde el autor especificaba que *dracul*, en idioma valaco, significaba «dragón» y «diablo».

Fuera como fuese, lo innegable del asunto es que algo se removió en el interior de Stoker cuando tuvo conocimiento de la presencia histórica de aquel hombre maldito y legendario a partes iguales.

Una emoción inesperada, largamente codiciada, fue adquiriendo significado conforme Stoker tomaba conciencia de la feroz dimensión del personaje.

Habían transcurrido treinta y cinco años, pero la irreductible sensación de libertad y aquel escalofrío recorriendo su espalda eran idénticos, como si apenas hubiese transcurrido un latido desde entonces.

Al igual que sucediera cada vez que escuchaba uno de aquellos cuentos que su madre, Charlotte, le narraba en su infancia, la perfecta combinación de luz y oscuridad, de hambre y visceralidad, que rodeaba la figura del voivoda valaco se convirtió en un reto que su imaginación fue incapaz de rechazar.

Con el recuerdo a flor de piel de aquel niño desvalido, Stoker supo que se hallaba en el umbral de una en-

15 Título original: *An Account of the Principalities of Wallachia and Moldavia.*

crucijada y que no cejaría en su empeño de escribir una novela que nadie pudiese ignorar, aunque tuviese que invertir varios años de su vida para conseguirlo.

De una cosa estaba bien seguro: en dicha novela, los límites entre realidad y ficción perderían su vigencia, quedando inexorablemente desdibujados como sombras proyectadas sobre las olas negras de un profundo y nocturno mar, legado que, más de cien años después, recogería con brillantez su sobrino biznieto, Dacre Stoker, en su obra *Drácula, el no muerto*[16] (2009), que se convertiría automáticamente en un *best seller* mundial.

Si bien sus conocimientos sobre el voivoda no fueron lo precisos que debieron ser, Bram Stoker captó desde aquellos primeros instantes la esencia de un personaje que lo miraba directamente a los ojos desde algún lugar en la oscuridad de cuatro siglos atrás.

El hecho de que sus fuentes no fuesen demasiado condescendientes con las circunstancias vitales del voivoda, en las que este era sencillamente presentado como un gobernante sanguinario y cruel, ayudó en cuanto a su asociación con el vampirismo en la mente de Stoker, pero nunca fue un factor determinante.

Fue el propio escritor quien en su inmortal novela destacó la inteligencia, el valor, la audacia y la voluntad inquebrantables del voivoda valaco.

Allí estaba. Ante él. Un hombre nacido para la guerra y la muerte.

Un diablo real.

16 Título original: *Dracula, the Un-Dead.*

Un personaje con la sed y fuerza de voluntad suficientes para justificar cuatro siglos de existencia.

Un guerrero con la ambición necesaria para arrebatarle la victoria a la dama de la guadaña y convertirse en un vampiro con vocación de eternidad.

Sí. Allí estaba. Ante él. De repente, formando parte de su imaginación.

Un nombre. Una única palabra.

Drácula.

Como si de alguna forma insondable aquel hombre del pasado lo hubiese previsto todo. Como si él mismo se hubiese encargado de acrecentar su fama y su legado con el lapidario propósito de perpetuarse a lo largo de los siglos instituyéndose, por defecto, en el centro de atención de un escritor irlandés nacido cuatrocientos años más tarde.

¿Historia? ¿Leyenda? La duda no ofende. Por ende, el misterio engrandece en tales menesteres…

Portada de la primera edición, en 1897, de la obra maestra de Bram Stoker, *Drácula*.

6. EPÍLOGO

LA TUMBA DESHABITADA

En el año 1931, se realizaron en el monasterio de Snagov, al norte de Bucarest, unas excavaciones con el permiso del Gobierno rumano, a fin de zanjar el viejo dilema sobre la ubicación oficial de los restos mortales de Vlad Draculea.

Una vez que la tumba —situada en el altar— fue profanada, se pudo comprobar por los allí presentes que los únicos restos que esta contenía eran huesos de animales.

Y la historia continúa, a la par que la leyenda…

Sin fin…

En el centro de la fotografía, se puede contemplar la tumba subterránea de Vlad Draculea en el monasterio ortodoxo de Snagov, junto a un grabado enmarcado del voivoda valaco.

ANEXO

PERSONAJES I

ALBERTO II (1397-1439): Sucesor de Segismundo, rey de Alemania, Bohemia y Hungría.

ALDEA, ALEXANDRU I (1397-1436): Hermanastro de Vlad Dracul y voivoda de Valaquia desde 1431 hasta 1436.

ALEJANDRO II (¿?): Rival de Bogdan II por el trono de Moldavia.

BÁTHORY, CNAEJNA (¿?-1462): Primera esposa de Vlad Draculea.

BÁTHORY, ESTEBAN (1430-1493): Voivoda de Transilvania.

BOGDAN II (1409-1451): Voivoda de Moldavia desde 1449 hasta 1451. Padre de Esteban el Grande y tío de Vlad Draculea.

CĂLUGĂRUL, VLAD IV (hacia 1425-1495): Vlad el Monje. Hermanastro de Vlad Draculea y candidato de la ciudadela Sibiu al voivodato del principado de Valaquia en tiempos de Vlad Draculea.

CATAVOLINOS (¿?): Secretario del sultán Mehmed II.

CHALCOCONDYLAS (¿?): Historiador griego.

CJNEAJNA DE MOLDAVIA (¿?): Primera esposa de Vlad Dracul y madre de Vlad Draculea.

CORVINO, MATÍAS (1443-1490): Hijo Juan Hunyadi y rey de Hungría, sucesor de Ladislao V. También conocido como Matías Hunyadi.

DAN II (¿?-1432): Dan II el Bravo. Voivoda de Valaquia, después de Mircea el Viejo, desde 1427 a 1431.

DAN III (¿?): De la dinastía Dăneşti. Candidato de la ciudadela de Braşov al voivodato del principado de Valaquia en tiempos de Vlad Draculea.

DJUVARA, NEAGU (1916): Historiador y noble rumano.

DRACUL, VLAD (1396-1447): Vlad II Basarab, padre de Vlad Draculea. Caballero de la Orden del Dragón y voivoda de Valaquia desde 1436 a 1447.

DRACULEA, VLAD (1431-¿1476?): Vlad III, voivoda de Valaquia en tres ocasiones, también conocido como Vlad Tepes o Vlad el Empalador. Al principio de su reinado, conocido como Vlad III Basarab.

ESTEBAN EL GRANDE (1433-1504): Hijo de Bogdan II y voivoda de Moldavia entre 1457 y 1504.

FEDERICO III (1415-1493): Rival de Matías Corvino por el trono de Hungría a la muerte de Ladislao V.

GISKA, JAN (¿?): Capitán de confianza de Matías Corvino.

HAMZA (¿?): General del destacamento que debía ocuparse de la emboscada a Vlad Draculea.

HUNYADI, JUAN (1407-1456): Nombrado conde de Severin en 1439, voivoda de Transilvania y capitán general de Belgrado en 1441, y gobernador del reino de Hungría en 1444.

LADISLAO V (1440-1457): Rey de Hungría, conocido como Ladislao el Póstumo hasta alcanzar la mayoría de edad.

LAIOTA, BASARAB (¿?-1480): Voivoda de Valaquia en distintas ocasiones en torno al tercer voivodato de Vlad Draculea, siendo su sucesor tras la presunta muerte de este.

MEHMED II (1432-1481): Hijo de Murat II y su sucesor como sultán desde 1451 a 1481.

MIRCEA EL JOVEN (1428-1447): Hermano mayor de Vlad Draculea.

MIRCEA EL VIEJO (1355-1418): Mircea cel Bătrân. Abuelo de Vlad Draculea.

MODRUSSA, NIKOLAUS (¿?): Delegado papal en la corte húngara.

MURAT II (1404-1451): Sultán del Imperio otomano desde 1421 a 1451.

MUŞAT, VASILISSA (EUPRAXIA) (¿?): Segunda esposa de Vlad Dracul. Madre de Radu III el Hermoso.

RADU EL HERMOSO (1435/36-1475): Radu III. Hermanastro de Vlad Draculea.

SEGISMUNDO DE LUXEMBURGO (1368-1437): Rey de Alemania, Bohemia y Hungría en tiempos de Vlad Dracul.

SZILÁGYI, ILONA (Jusztina) (¿?): Segunda esposa de Vlad Draculea y prima del rey de Hungría, Matías Corvino.

SZILÁGYI, MIGUEL (hacia 1400-1460): Veterano militar, tío de Matías Corvino y viejo conocido de Vlad Draculea.

VLADISLAV II (¿1390?-1456): Voivoda de Valaquia desde 1447 a 1448 y desde 1448 a 1456.

PERSONAJES II

BALCOMBE, FLORENCE (1858- 1937): Esposa de Bram Stoker.

BÁTHORY, ERZSÉBET (1560-1614): Condesa húngara conocida como la Condesa Sangrienta.

GERARD, EMILY (1849-1905): Escritora de origen británico, autora de *La tierra más allá del bosque.*

IRVING, HENRY (1838-1905): Célebre actor de teatro ligado al Lyceum Theatre y gran amigo de Abraham Stoker.

LE FANU, JOSEPH THOMAS SHERIDAN (1814-1873): Escritor irlandés, creador de *Carmilla.*

STOKER, ABRAHAM (1847-1912): Escritor irlandés, creador de *Drácula.*

THORNLEY, CHARLOTTE (1818-1901): Madre de Abraham Stoker.

VÁMBÉRY, ARMINIUS (1832-1913): Profesor de Lenguas Orientales en la Universidad de Budapest y amigo de Abraham Stoker.

TERMINOLOGÍA

BEG: Título otorgado a los gobernantes dentro del Imperio otomano.

BOYARDOS: Nobles de Valaquia, de entre quienes se elegía tradicionalmente al nuevo voivoda.

GOLDEN DAWN: Sociedad hermética fundada en el año 1888 por William Wynn Westcott.

GRAN VISIR: Equivalente a primer ministro dentro del Imperio otomano.

JENÍZAROS: Guardia de élite del sultán.

MAGIAR: Sinónimo de «húngaro».

ORDEN DEL DRAGÓN: Sociedad de nobles del más alto rango fundada en 1418 a fin de jurar lealtad al sacro emperador germánico romano y defender el cristianismo de la amenaza otomana.

SAJONES: Colonos de ascendencia germánica residentes en el norte y sur de Transilvania.

SZEKLER: Colonos procedentes de Asia central, residentes en el sudeste de Transilvania y que por entonces eran aliados del reino de Hungría.

VOIVODA: Especie de príncipe o gobernador que no tenía poder autónomo. En Transilvania estaba supeditado a las decisiones del reino de Hungría. En Valaquia era lo más parecido a un títere bajo la constante influencia de los nobles boyardos.

LUGARES DE INTERÉS

ANDRIANÓPOLIS: Capital del Imperio otomano hasta 1453.

BISTRITA: Población transilvana próxima al collado de Borgo, al pie de la cordillera de Bârgău.

BRĂILA: Ciudadela portuaria del Danubio, situada al noreste de Valaquia.

BRAŞOV: Ciudadela del este de Transilvania habitada por colonos sajones.

BUDA: Capital de Hungría en el siglo XV. Está situada en la orilla occidental del Danubio y, junto con Pesta, es una de las dos ciudades que conforman la actual Budapest.

CHILIA: Ciudadela portuaria situada en el delta del Danubio, al sur de Moldavia.

CODRUII VLĂSIEI: El Gran Bosque en tiempos de Vlad Draculea.

CONSTANTINOPLA: Capital del Imperio otomano a partir de 1453, actual Estambul.

CORDILLERA DE BÂRGĂU: Cadena montañosa perteneciente a los Cárpatos orientales, al norte de Rumanía.

MONTES BUCEGI: Paisaje natural ubicado al sur de Braşov, en los Cárpatos meridionales.

PESTA: Ciudad ubicada en la orilla oriental del Danubio. Junto con Buda, forma la actual Budapest.

SIBIU: Ciudadela del centro de Transilvania, habitada por colonos sajones.

SIGHIŞOARA: Ciudad natal de Vlad Draculea, construida por los sajones de Transilvania.

SUCEAVA: Capital de Moldavia.

TÂRGOVIŞTE: Capital de Valaquia.

REINO DE HUNGRÍA
MOLDAVIA
Omlas
Făgăraş
Fogaras
Crăciuna
Territorios tártaros
Chilia
Terra
Seurini
Câmpulung
Argeş
Severin
SERBIA
Târgovişte
Enisala
Terra
Dobrotici
MAR NEGRO
Dristra
VIDIN
TARNOVO
IMPERIO OTOMANO
MAPA DE VALAQUIA
Feudos de Mircea como vasallo húngaro

BIBLIOGRAFÍA RECOMENDADA

HISTORIA

CURTIUS, ERNST ROBERT, *Literatura europea y Edad Media latina*, Madrid, 1999.

DJUVARA, NEAGU, *Dracula the History*, Segovia, 2010.

FLORESCU, RADU y McNALLY, RAYMOND, *Dracula: Prince of many faces*, Boston, 1989.

—. *In search of Dracula*, Boston, 1994.

GARCÍA SÁNCHEZ, JAVIER, *Ella, Drácula*, Barcelona, 2006.

HUIZINGA, JOHAN, *El otoño de la Edad Media*, Madrid, 1978.

MÄRTIN, RALF-PETER, *Drácula. Vlad Tepes, el Empalador, y sus antepasados*, Barcelona, 1993.

MARTÍNEZ LAÍNEZ, FERNANDO, *Tras los pasos de Drácula*, Barcelona, 2001.

MONZÓN, ISABEL, *Báthory: Acercamiento al mito de la condesa sangrienta*, Buenos Aires, 1994.

PÉREZ SARRO, GONZALO, *¡Drácula vive!*, Madrid, 2007.

ROMANO, RUGGIERO y TENENTI, ALBERTO, *Los fundamentos del mundo moderno. Edad Media tardía, Renacimiento, Reforma*, Madrid, 1971.

RUNCIMAN, STEVEN, *La caída de Constantinopla*, Madrid, 1973.

TREPTOW, KURT W., *Vlad III Dracula: The life and times of the historical Dracula*, Center for Romanian Studies, 2000.
USCATESCU, JORGE, *Rumania. Pueblo, Historia, Cultura*, Madrid, 1951.
VV. AA., *El mundo en el siglo XV*, Madrid, 1992.
WITTFOGEL, KARL A., *Despotismo oriental. Estudio comparativo del poder totalitario*, Madrid, 1966.

MITOLOGÍA

ARACIL, MIGUEL G., *Vampiros. Mito y realidad de los no-muertos*, Madrid, Edaf, 2002.
ARRIES, JAVIER, *Vampiros. Bestiario de ultratumba*, Barcelona, 2007.
BARBER, P., *Vampires, Burial and Death: Folklore and Reality*, New York, Yale University Press, 1990.
BORRMAN, NORBERT, *Vampirismo*, Barcelona, 1999.
GORDON, ANGEL, *El gran libro de los vampiros*, Barcelona, 2005.
INDURAIN, NOELIA y RUBIOLA, ÓSCAR, *Vampiros: El mito de los no muertos*, Madrid, 2002.
MARIGNY, JEAN, *El despertar de los vampiros*, Barcelona, 1999.
PETOLA, ERBERTO, *Vampiros y hombres lobo*, Barcelona, 1995.
RIGHI, BRIAN, *Vampires. Through the Ages*, Woodbury, 2012.
VV. AA., *Criaturas de la noche*, Barcelona, 2002.

LITERATURA

GAUTIER, THÉOPHILE, *Récits fantastiques*, París, 1981.
—. *Une larme du diable*, publicación de la Bibliothèque Nationale de Francia, 2008.
GAUTIER, THÉOPHILE, *La muerta enamorada*, Barcelona, 1986.
GOETHE, JOHANN WOLFGANG, *Obras completas*, Madrid, 2003.
PREST, THOMAS P. y RYMER, JAMES M., *Varney the Vampire, or The feast of blood*, publicación de la University of Virginia, 2008.

STOKER, BRAM, *Drácula*, Barcelona, 1986.

—. *Dracula*, Dublin, 2009.

—. *El invitado de Drácula y otros relatos extraños y macabros*, Madrid, 2012.

—. *El entierro de las ratas y otros cuentos de horror*, Madrid, 1997.

VV. AA., *Cuentos de vampiras*, Madrid, 2001.

VV. AA., *Sangre y rosas. Vampiros del siglo XIX*, Barcelona, 2003.

VV. AA., *Vampiras. Antología de relatos sobre mujeres vampiro*, Madrid, 2010.

VV. AA., *Vampiros*, Madrid, 1992.

VV. AA., *Vampiros y otros monstruos*, Buenos Aires, 1969.

Quedaría incompleta esta bibliografía si no mencionase que tuve la suerte y el honor de contar con la ayuda y guía del historiador rumano Neagu Djuvara y de acceder a cuantiosa información recopilada por la familia Stoker, de generación en generación. Irónicamente, no puedo concretar mucho más a este último respecto debido al contrato de confidencialidad que mantiene sellados mis labios y me ata a la rúbrica que en su día obré con un gesto casi reverencial.

El autor

Grabado reproducido en *Dracole Wayda*, editado por Barth. Ghotan, Lübeck, 1485.

APÉNDICES

TÂRGOVIȘTE, CAPITAL DE VALAQUIA, AÑO 1441

El crepúsculo se desplomaba sobre los tejados de Târgoviște cuando el hijo del dragón decidió refugiarse, quizá por última vez, bajo las sombras angulosas y perennes que distinguían la puerta exterior de la muralla del castillo, bastión del principado.

En sus ojos de lobezno prendía un fuego extraño, hasta ese momento desconocido.

Pese a su corta edad, el joven dragón ya amagaba el ímpetu y las maneras que años después habrían de hacerlo célebre y objeto de admiración entre súbditos y semejantes.

Lo cierto es que no era la primera vez que el destino se cebaba con él, negándole no solo el cariño de una madre, sino regalándole un inesperado desarraigo, una nueva ausencia.

Era muy consciente de que tampoco lloraría en esta ocasión.

No tendría ningún sentido hacerlo.

Al día siguiente, al rayar el alba, el niño que todos creían que era se limitaría a dejar atrás su antiguo hogar. El niño con alma de hombre se mantendría firme, daría la espalda a su educación y haría exactamente todo lo que se esperaba de él.

No volvería la mirada.

No agacharía la cabeza.

Nadie hallaría en su comportamiento el menor síntoma de debilidad o desabrimiento.

El dragón, que ya anidaba en él, jamás se lo hubiese permitido.

CODRUII VLĂSIEI, CERCA DE BUCUREȘTI, INVIERNO DE 1476

Las consecuencias de la fatal cuchillada se deslizaban lenta y copiosamente por su costado. Mala jugada.

Vlad ignoró el escandaloso fluir de la sangre y se aferró con ambas manos al mango de la espada. Acto seguido, se arrojó, sin dudarlo, hacia un lado hasta tajar en el último momento, de un fulminante mandoble, el cuello del soldado otomano de apenas veinte inviernos, cuya proximidad acababa de advertir por el rabillo del ojo.

Se reafirmó entonces a su siniestra para encararse con la media docena de mercenarios moldavos, pertenecientes a su propia guardia personal, que parecían no tener muy claro a qué tropa y señor debían servir. Escasas cien varas más allá, se recortaba colina abajo, contra el verde de la foresta, el avance imparable del grueso de las milicias otomanas, lideradas por la silueta a caballo del rabioso Basarab Laiota.

El diablo llamado Vlad emitió una sonora carcajada que no tardó en desperdigarse a los cuatro vientos. Con toda probabilidad, no sobreviviría para contemplar otro amanecer.

Pero qué le importaba a él el resultado de la contienda.

Esgrimió la espada hacia sus más inmediatos contrincantes, sin distinguir color ni bando.

El desafío era su recompensa: ¡el demonio que habitaba dentro de él estaba bailando!

EL INVITADO DE LA CONDESA DOLINGEN DE GRATZ

Múnich atardecía en el horizonte y la Noche de Walpurgis se fraguaba lentamente bajo la espesura de los bosques de las afueras.

El promontorio entero permanecía en sigilo hasta que el antiguo voivoda decidió liberarse del abrazo de la Madre Tierra y, de un formidable brinco, se desgajó de su voluntaria sepultura, irguiéndose cual hombre-lobo sobre la roca removida. El aire libre y desnudo de las montañas le confirmó al instante que el caballero inglés que estaba esperando se aproximaba a gran velocidad por el noroeste. El relinche de los caballos no tardó en acariciarle los oídos desde la distancia. Un minuto después, se hizo visible la creciente polvareda elevándose sutilmente sobre la línea de árboles que bordeaba el único camino en aquella dirección.

El antiguo voivoda ignoró la suciedad corporal y el mal aliento del cochero enhiesto en el pescante, y se concentró en minimizar el perfume que impregnaba las ropas del inglés y que, por defecto, se extendía por todo el interior del soliviantado carruaje. El fulgor de la sangre no se hizo esperar. Cálido, rojo, vital. Carnosamente líquido. Deliciosamente rítmico.

Salvaje, siempre salvaje. El espíritu del lobo que llevaba dentro comenzó a imbuir su conciencia. A tentarlo con correr a favor del viento, con rastrear a su presa a pie de tierra, latido tras latido, mientras el ímpetu animal se iba apropiando de cada centímetro de su ser. La decisión estaba tomada de antemano. Antes de echarse a tierra y correr entre la espesura, Drácula se congratuló de lo fácil que había sido encender la curiosidad de aquel abogado extranjero de sangre aventurera. Tan simple como colarse la noche anterior, justo después del crepúsculo, por una de las ventanas de la segunda planta del hotel Las cuatro estaciones, donde el *gentleman* inglés se alojaba, para dejarle bien a la vista, en el bohemio recibidor de su aposento, una vieja guía turística de la ciudad y sus alrededores, con ciertos lugares de interés oportunamente señalados. Después solo tuvo que acercarse a la oficina de telégrafos más cercana y hablar seriamente con el encargado.

Era obvio, rio el antiguo voivoda, que el destino de los hombres, al menos el de la mayoría de ellos, estaba escrito: regido por fuerzas que, únicamente para ellos, estaban más allá de toda comprensión.

El aullido rasgó con virulencia el silencio verde de la foresta. La sensación de libertad no tenía parangón cuando la transformación era completa.

Aulló de nuevo, y en esta ocasión el grito retumbó en varios kilómetros a la redonda. Al llegar a las proximidades de la encrucijada donde el carruaje acababa de detenerse, dio un pequeño rodeo y se obligó a recobrar su apariencia humana habitual antes de apostarse en la cima de una colina cercana. El inglés había descendido del carruaje y, tras despedirse del cochero, se disponía a internarse en la senda que, sin saberlo, llevaba transitando en su subconsciente desde la medianoche anterior.

Drácula se dejó ver, apenas un instante.

Lo justo para presentarse ante su presa y tildar la fascinación que prendía en la mente de esta. Seguidamente se afirmó de nuevo en tierra y se arrojó con furia hacia el este, al encuentro de la noche que despuntaba en la revuelta del planeta. El viento comenzó a perseguirlo, alentado por el ritmo de su respiración; un viento frío que arrastraba consigo toda la negritud del bosque.

Al cabo de varios kilómetros, cambió violentamente de dirección y se dirigió hacia el noroeste: trazando el inicio de una vasta diagonal, se adentró en un recoleto valle habitado por densas agrupaciones de coníferas. En un momento dado, «el espíritu del lobo» empezó a ser insuficiente. Se elevó entonces hacia el cielo envuelto en un torbellino de aire caliente y se enfrentó a la gran masa de nubarrones que llegaba desde el norte. La energía reinaba en las alturas del bosque Ebersberg. Aguardó unos instantes hasta que la frialdad que había dejado atrás terminase de acumularse bajo sus pies, y se reafirmó en su posición ante la inminente llegada del vaporoso y colosal oponente. Cuando el primer relámpago iluminó la bóveda celeste, Drácula se giró triunfalmente hacia el sur, desafiante ante la magnificencia de los Alpes en la lejanía.

La condesa Dolingen de Gratz se sacudió en su ataúd.

A su gesto, las copiosas sombras que protegían su lecho durante el letargo se retiraron subrepticiamente hacia los múltiples rincones que dibujaban el interior de la cripta. Escuchó ahora con mayor nitidez el caer, distante, casi clandestino, de la nieve blanqueando las entrañas del bosque Höhenkirchener.

La tormenta se aproximaba a gran velocidad. Imparable. La sentía ansiosa en la humedad que impregnaba el aire, hermanada con el crepúsculo que teñía cada valle y cada colina: hambrienta en los collados, traicionera en los recodos de los caminos, imponiéndose rápidamente bajo el dosel de la floresta.

Y había algo más. En la impronta de la nieve.

Un hombre. Un extranjero. Completamente perdido. Sin más ayuda que un bastón de madera de fresno y su ingenuidad. Un hombre que no tenía la más remota idea de dónde se estaba metiendo. Lo escuchó toser cuando este dejó atrás el muro y se adentró en el paseo de cipreses. Le olfateó el miedo cuando se detuvo, perplejo, incapaz de reconciliarse con sus demonios, al comprender que se encontraba en el corazón de un cementerio olvidado por Dios. Le saboreó la piel y el aliento cuando se lo pensó dos veces antes de refugiarse en el vano del mausoleo, providencialmente impelido por la furia renovada de la tormenta.

Su sangre, entre tanto, le contó cuanto necesitaba saber sobre él. Hábitos alimenticios. Constitución muscular. Genética. Historial médico. Todo. La condesa Dolingen de Gratz no tuvo más remedio que dejarse seducir por el ritmo cardiaco de su presa. Después, cuando la puerta de la cripta cedió tras verter ella un soplo de su voluntad y calor corporal sobre el aire estancado del interior, se obligó a dejar la mente en blanco.

Solo tenía que quedarse quieta. Como una muerta.

Y esperar.

Envuelto en un torbellino de granizo capaz de mimetizarlo con el grueso de la tormenta, Drácula se dejó caer entre los cipreses que jalonaban la avenida principal del cementerio. Fue testigo al fin de cómo el inglés se decidía a entrar en el funerario cubículo de mármol, propiedad de la condesa. La escena no despertó en él ningún sentimiento más allá del que pudiera desprenderse de un trabajo bien realizado. Nada que ver con el «alma del relámpago» que en ese momento chisporroteaba en la yema de sus dedos, o con el fulgor eléctrico que acontecía a sus anchas en el cielo nocturno, expectante, aguardando sus órdenes.

Noventa y siete años atrás, la hermosa condesa y él habían cruzado sus caminos en circunstancias muy distintas.

Se conocieron una madrugada de luna llena en los altaneros bosques al este de Estiria. Por entonces ella todavía simulaba ser una común mortal, una digna representante de la aristocracia austriaca que aprovechaba las noches de luna para escaparse de su castillo de cuento de hadas ubicado a las afueras de Graz e ir a la caza de cuantas incautas víctimas transitaban los caminos de la región. Él, en cambio, hacía demasiado tiempo que había renegado de las luces y distracciones de la civilización y se había entregado a la virtud de los cuatro elementos naturales, a la vida salvaje y libre, a sus instintos más oscuros y primarios.

Nada más olerse entre la espesura, se sintieron atraídos el uno por el otro. El amor no tuvo nada que ver en ello. Se olisquearon como dos animales en celo y ambos desataron sus pasiones sobre la hierba, el uno contra el otro, durante noches y días enteros.

Al quinto día, ella intentó apuñalarlo por la espalda con la intención de darse un festín con su sangre centenaria. Él consiguió esquivar el ataque y, tras inmovilizarla, lejos de sentirse intimidado, no solo le perdonó la vida, sino que la besó ardientemente e hicieron de nuevo el amor. En el fondo, no podía negar que le atraía sobremanera aquella mujer de carácter y ojos del color de la tierra.

Hizo lo imposible para verla de nuevo. Removió cielo y tierra hasta que ella se dejó querer, pero durante los siguientes años no hubo ocasión en que no intentase asesinarlo como si fuese la primera vez. La última, apenas dos meses antes de que ella planease y llevase a cabo su propio suicidio en el crepúsculo del primer otoño del nuevo siglo. El día de frío y viento en que la enterraron en la vertiente germana de los Alpes, lejos de su Estiria natal, humillada y repudiada por un pueblo que siempre la había considerado una bruja, una mujer impertérrita y cruel, nada volvió a ser igual. La condesa se convirtió en un alma solitaria y triste, en el fantasma que todos esperaban, en lo más parecido a uno de esos seres de ultratumba que describían las supersticiones y el folclore. Empezó a rendir culto a la muerte. A pasear neuróticamente su soledad entre tumbas y criptas. A dormir en ataúdes y a merodear con peligro los cementerios a la caza de la sangre de aquellos que solo buscaban reconciliarse con el recuerdo de sus seres perdidos. Con el tiempo, la muerte se erigió en su segunda sombra, otorgándole una nueva identidad. Su verdadera identidad. La Dama Negra la llamaban. La oscuridad era su única compañera. Su poder había crecido considerablemente en el último siglo. Su fama ya había traspasado conciencias y fronteras.

Hasta tal punto era conocida su leyenda, que podría interferir en los futuros planes de cualquier otro compañero de maldades que, interesado quizá en expandir su coto de caza a Occidente, no tuviese mayor pretensión que la de pasar medianamente desapercibido.

Drácula aguardó con frialdad a que el exótico aroma de la sangre del inglés fuese tan intenso que la condesa quedase completamente incapacitada para pensar en otra cosa.

Solo necesitaba un instante de distracción.

Solo un suspiro.

Una vez más, tenía que ser más rápido que ella.

La silueta se dibujó irremediablemente al contraluz de la tormenta. Apetecible como un manantial de aguas cristalinas en mitad del desierto, el inglés se adentró unos centímetros en las sombras del mortuorio habitáculo. Lo suficiente para que la condesa Dolingen de Gratz se tensase en el interior de su ataúd. Ya se disponía a saltar sobre su presa cuando una turbación en la atmósfera captó rápidamente su atención, interponiéndose en sus planes más inmediatos. Acto seguido, le quedó el vacío de saber que el inglés había desaparecido.

¡No podía ser!

Entonces lo vio. Durante un latido.

Lo suficiente para odiarlo como en los viejos tiempos, mientras el rayo traidor destrozaba de repente la techumbre de la cripta y se aferraba a su piel, dispuesto a quemarla desde dentro, hasta la eternidad.

Conforme su existencia se consumía bajo la sed de las llamas, la condesa gritó con todas sus fuerzas, la mirada fija en su verdugo. Sabía que su odio hacia él la mantendría viva al menos unos instantes más.

El poder del rayo aún resplandeciente en la palma de la mano, el antiguo voivoda saboreó la sangre del inglés mientras la belleza de la condesa se convertía en un recuerdo. Al fin, la Noche de las Brujas acababa de ser inaugurada…

LA CANCIÓN DEL DIABLO

¡Sangre!

La espada del diablo quiere su parte.

No importa cuántos sean sus enemigos o el número de cadáveres.

El acero está sediento, tiene hambre.

¡Sangre!

El hombre llamado Vlad dicta sentencia.

La libertad es su única condena; la altura de miras, su singular bajeza.

Para el diablo nunca es tarde.

¡Sangre!

El guerrero llamado Vlad se afirma sobre el terreno y da un nuevo paso al frente.

Siempre hacia delante.

A su paso, cielo y tierra se encuentran, ángeles y demonios se enfrentan.

Todos juntos arden.

AGRADECIMIENTOS Y DEDICATORIAS

A mi apreciada amiga y familia Juana Dolores, por todo. A mis abuelas, María y Pepa; os echo mucho de menos. A mi querida tita Josefina; gracias por presentarme a *Los Cinco,* a *Óscar* y a *Los Tres Investigadores.* A mi hermano Juan Francisco; eres un valiente, chaval. A mi guapísima amiga Rosemary; *thanks so much* por tu cariño y complicidad, esto es solo el principio. A mi sobrina Sheila; más simpática no se puede ser. A mis primos favoritos, Paqui, Cati, José Antonio, Alberto, Mario, Josefina Jr. y Mª Esther; este mundo necesita más gente como vosotros. A mi tito Antonio, por ser un ejemplo a seguir. A mi chacha Micaela, por «esa» poesía intuitiva que destilas. A mi chacho Ginés, por campechano y montaraz. A Ana Mª, mi superprofesora de Griego Clásico; no te imaginas cuánto ha significado que creyeras en aquel «niñato rebelde». A mi amiga Hortensia, por ser buena gente. A mi amiga Sonia Otálora, gran psicóloga y excelente persona. A mis amigas murcianas Encarna, María Vera, Isa, Esmeralda y Almudena; habrá que repetir un día de estos. A mi amiga Mª del Mar, gracias por tus palabras, y por leer. A mis amigas madrileñas Mar, Yem, Eva y Ana Lucas; «en vosotras el poder de la fuerza reside». A mis colegas Lucky, Antonio Nortes, Jaime Sánchez, Josito Punk, Pedro Montalbán,

Pedro A. Garre, Andrés D. F., David Genares, Ignacio Maestre, *Whisky*, Carrasco, Pedro A. Tudela, Ginés *Culture Rock*, Aquilino Cánovas, Pedro López, Víctor Sáenz, Daniel Viñuales, Manuel Mota, Álex Ogalla, Juanjo el Rápido, Sandro Mena, Manel Cráneo, Manu Gutiérrez, Toni Carrión, Fran Gea, Andrés Gea, Pablo A. C., Ismael Ortiz, Álex Latorre, Paco Garro, Asensio de *Energika Repulsa*, Alberto Belchí, Sebi, Moski, Alberto Plumed, «Federico» Nietzsche, Aristóteles y Peter Parker, por ser exactamente como sois. A mis *new friends* Fco. Javier G. M., Tony Chumillas, Adrián Cifuentes, Daniel Starlight, Lucía A. C., Pepe, Ana, Kik@, Melchor, Bruno y Ramón Sáez; grandes como el sol que amanece. A Petri, Raquel y Chari, por los buenos momentos. A José Mª Lorite, exdecano de la Facultad de Filosofía de la UMU, el tipo más perspicaz que he conocido. A mis estimadas «profes» Isabel, Carmina, Narcisa, Antonia y Nicasia, por poner las primeras piedras. A mi intrépida editora y amiga Ángeles López, por tener buen gusto. A mis socios de viñetas Ramiro Borrallo, Kundo Krunch, Rukikun, Zappe Boy, Abel García, Rubén Gil, Dante Ginevra, Jaime Infante y Ertito; un auténtico placer. A Dacre Stoker, por su inestimable colaboración; un honor, *mister*. A los cineastas Sergio Leone, Rob Zombie, Park Chan-wook, Woody Allen, Giuseppe Tornatore, Roman Polanski, George Miller, Tobe Hooper, F. W. Murnau, Joel Schumacher, Mario Bava, David Lynch, Jennifer Lynch, N. Shyamalan, Francis F. Coppola, Sofía Coppola, Oliver Stone, Ridley Scott, Takashi Miike y Álex de la Iglesia, por crear cultura y ser una inspiración. A Enid Blyton, Carmen Kurtz, Astrid Lindgren, Michael Ende, Bram Stoker, Robert E. Howard, Arthur Conan Doyle, Agatha Christie, E. R. Burroughs, Patricia Highsmith, Umberto Eco, Vladimir Nabokov, Pat Mills, Kazuo Koike, Charles Burns, Peter Bagge, Ivà, Will Eisner, Juan Mtz. Osete, Steve Ditko y Ann Nocenti; qué podría decir yo, a vuestra altura. Y muy especialmente, este libro está dedicado a ti, aguerrido lector, mil y una gracias por acercarte al ejemplar de *Vlad Draculea* que sostienes en tus manos: con tu imaginación, sus páginas adquieren el poder de cobrar vida.

Este libro, por encomienda de la editorial Almuzara, se terminó de imprimir el 30 de septiembre de 2020. Durante esos días del año 1448, Vlad Draculea daba inicio a su primer gobierno en el principado de Valaquia.